大展好書 好書大展

大展好書 好書大展

心靈雅集
48

行住坐臥有佛法

劉欣如／著

大展出版社有限公司
DAH-JAAN PUBLISHING CO., LTD.

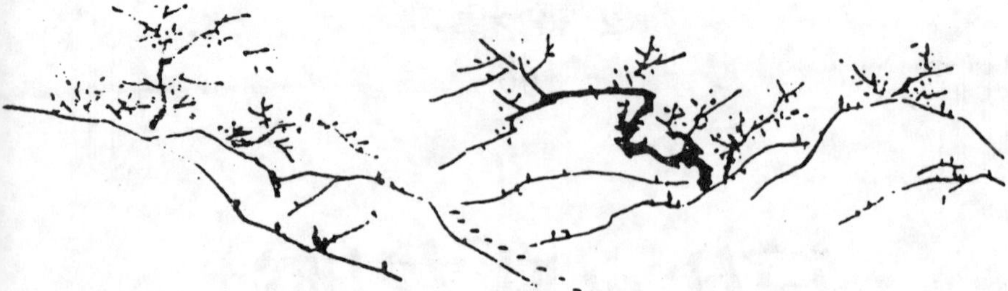

作者簡介：

劉欣如：一九三七年出生，新竹縣人。

曾任教台灣大專院校講師及福嚴佛學院。現在旅居美國洛杉磯市，擔任美國佛教宏法中心總編輯。譯作有：『阿含經與現代生活』、『佛教說話文學全集』（一～十一集）、『業的思想』、『大智度論的故事』、『釋尊的譬喩與說話』、『唯識學入門』、『唐玄奘留學記』、『喬答摩佛陀傳』、『佛教的人生觀』、『現代生活與佛教』等，並有佛教散文發表於國內外佛學雜誌。

序(一)

我是個佛教徒，公務餘暇，愛看些佛書。可惜，許多佛書深奧難懂，不易體悟佛法的精髓，幸好，有些佛書比較深入淺出，非常生活化，讓人能解易懂，而旅美佛教作家劉欣如居士的暢銷作品也是其中之一。

劉居士作品的最大特色，除了淺顯踏實，還剖述自己的生活體驗，以及報章雜誌的情報資料，反映佛理不是談玄說妙和人云亦云的民俗信仰，而的確有他殊勝的地方，例如因果業報、緣起思想、無常無我等觀念，都能印證在人間，讓人明白佛法不離世間法，跟我們的日常生活是息息相關的，所以，若能用佛法來理解人世間的問題，應該會有比較深入及比較客觀的體悟；同樣地，若能依佛法行事，則起心動念間，一舉手一投足，都會循規蹈矩，符合社會的需要。

這些年來台灣經濟繁榮，建設成功，已是不爭的事實，但是，這不表示國人生活得很充實、很幸福。根據報載香港一家調查機構，到亞洲九個國家做過一次調查：「你快樂嗎？」結果，卻意外地發現最先進、最有錢的日本人，列為最不快樂，其次為台灣人，菲律賓人反而最快樂、最樂觀。由此看來，豐富的物質享受並不是人生最大和最終的目標，精神層次的提升與心靈空間的充實亦不可等閒，這項調查結果值得我們深思。

劉居士原籍新竹縣的客家人，目前僑居美國洛杉磯市，工作餘暇，熱心寫作弘法，已經出版的「佛教說話文學全集」、「佛法與神通」、「隨緣隨筆」等膾炙人口，如今正為大展出版社寫作一系列佛教生活化、趣味化和淺顯化的暢銷作品，希望接引初學佛的人。

同屬佛教徒，本著三寶弟子的信念，雖然公務繁忙，也非常願意寫幾句話作為最簡單的序文，並願意早日讀到劉居士的作品出版。

謹識

八十三年四月

序(二)

劉欣如先生，出生台灣省新竹縣，曾任小學教師及大學講師，業餘從事翻譯與寫作。一九八三年以來，旅居美國洛杉磯，與友人共創「美國佛教弘法中心」，餘暇致力於佛書的編譯，已出版有「唐玄奘留學記」、「現代人的佛教」、「佛教的人生觀」、「現代生活與佛教」、「喬答摩佛陀傳」、「『阿含經』與現代生活」、「怎樣活用佛陀的智慧」等書，皆為暢銷一時的優良讀物。此外，由佛光山出版社出版的「佛教說話文學全集」，更是廣受讀者的歡迎。

欣聞劉先生正著手將以往在「覺世旬刊」、「妙林」、「菩提樹」、「獅子吼」、「慈雲」、「南洋佛教」等雜誌發表過的精闢佛教散文，整理成冊，以為發行；他又埋首翻譯了大乘佛典導論，也即將出版。讀者們有福了。

此行來美，甫抵洛城，即應邀為劉先生作序。有感於在物質重於精神，功利主義盛行的美國社會裡，劉先生以一介佛教徒，不計名利，不為得失，以文字般若弘揚佛法不遺餘力，可感可佩，遂義不容辭，為化作序。

翻閱劉先生的作品，無論翻譯或著作，為文簡潔明瞭，不加修飾，率性道來，令人感覺非常親切。從一系列佛教的生活智慧到佛教人生觀的發表文章，在在顯示劉先生悲天憫人、關懷社會的胸懷。『華嚴經』、『大般涅槃經』、『六度集經』、『大智度論』等大經大論的精華躍然於紙上。凡他引用之故事，篇篇精采，發人深省。不必說教，就能令人深深體會佛法的大意和修持的妙處。期盼劉先生的大作能早日出版，讓讀者們從中擷取累累的果實吧！

一九九二年九月

星雲　於西來寺

序㈢

一九八五年八月，我在洛杉磯法印寺，結緣一群善知識，劉欣如居士是其中之一。之後，我和他們登記籌組「美國佛教弘法中心」，會中推薦我擔任會長，直到現在。其間，劉居士負責文宣和編輯。雖然，他平日忙於旅館事業，每有餘暇，卻全力奉獻於弘法中心的寫作、出版，至今仍然不曾間斷。

「弘法中心」成立兩年後，劉居士首先出版「『阿含經』與現代生活」，內容淺顯易懂，極適合初學佛的人，結果，很快一版再版，但都屬結緣贈送，不收稿酬。之後，蒙台灣普獻法師無量壽出版社的資助，陸續出版「唐玄奘留學記」、「現代人的佛教」、「般若心經與美滿人生」、「現代生活與佛教」、「佛教的人生觀」、「怎樣活用佛陀的智慧」、「喬答摩佛陀傳」等書，都出自劉居士的手筆。同時，他也在佛光山出版「佛教說話文學全集」（共十一冊），膾炙人口，受到廣大佛友們的喜愛。

另外，他平時也在國內外佛學雜誌，例如「獅子吼」、「南洋佛教」、「菩提樹」、「妙林」、「慈雲雜誌」、「覺世」等處，發表佛教散文，吐露自己十年學佛心得。他寫的文章內容，最大特色也是淺顯實用，而不在研討佛學，或引經據典去考證佛理。一切資料都取自日常生活，旨在論釋佛法不離世間法，詳述世間各種現象，都能靠佛法來破解，反證人云亦云，和知識上的論點，都不是究竟圓滿的答案。尤其，從他的作品裡，不難看出佛教不是談玄說妙，而是日常生活能夠實踐的寶典，所以，誰若讀完這些書後，都會有很多受用。

據我所知，許多初學佛的人，也難免誤解佛教，才不懂得處理實際生活的煩惱，例如煩惱的起因、性質和消滅的方法。當自己在看報紙或聽新聞時，常常迷惑於假象，不知緣起緣滅，而視它們為實相，執著一切，才造成根本苦惱。諸如這些例證的解說，也可從本書裡領悟得到。

無疑地，在美國弘法會碰到數不盡的辛酸、挫折，但前景是光明的，我們有信心發現佛教在美國的生存空間，不會比美國傳統的宗教遜色。毋寧說，也許有過之而無不及。一般說來，美國人比較習慣性，有較多知識階級傾向真理，只要認為佛法符合真知拙見，首先，會很快的在大學裡講授，並接受挑戰，這樣，就不難找到立足和發展的機緣。但是，若要達到這些目標，不能仰賴奇蹟和僥倖，而絕對要依靠許多善知識來落實和努力。幸好，我們佛教弘法中心的同修們都懷有這項共識與理想，明知這是一條漫長、艱辛的路程，無如，我們認為凡事總要有人肯做第一步，以後才有人做第二步和第三步……，同時，我們也只盼量力而為，即使只能邁出一小步也不妨，讓第二步、第三步和以後的路子，因緣際會時，由別的佛友們來繼續。當然，劉居士也一直熱心參與這項事業，而不會途中退怯。

我謹代表「美國佛教弘法中心」幾位同修，表達由衷的鼓勵，說幾句肺腑的話，當做簡單的序文。

洛杉磯佛教聯合會
美國佛教弘法中心
會長　照初

一九九二年九月十日序於菩提寺

自序

學佛不太論資歷，但屈指一算，我學佛也快十年了。皈依後，我匆匆來到美國。剛來兩年裡，除了奉行師父——真華上人的臨行贈言：「老老實實唸佛」，我實在沒有時間讀佛經或看佛書。但因緣不可思議，我在洛城法印寺遇見幾位善知識，繼而組辦「美國佛教弘法中心」，才在餘暇譯佛書和寫作，一直持續到現在。

最近一年，我特別留神世上發生的各種現象，到底跟佛法有什麼關係？換句話說，我一面仔細地生活，一面觀察佛法與生活的關係。因為我對佛學沒有深入研究，實修功夫也不足，自然在這方面的觀察也不夠周密和精闢。

不過，這些散文內容，都是我自己體驗佛法的心得，談不上知見或正見，只是拋磚引玉，想引起更多大德們來談論佛法，尤其是生活性的佛教內容，便於接引初機者和想要學佛的有緣人。

因為我學佛後，一直住在加州洛杉磯，沒有機緣參訪國內的高僧大德，聆聽他們的教誡和開示，始終覺得是一大憾事。不過，我卻有更多機會接觸異教徒，尤其是基督教與天主教徒，反而常常有比較教義和辯論的機會，結果，讓我更慶幸自己選擇了正確的信仰，也能體驗到佛法的殊勝與奧妙。

依我的淺見，佛教將來在美國的發展空間不會比在東方社會遜色。愈重視理性和知識的社會，愈能襯托佛教的殊勝、偉大，因為佛教的內涵豐富正確，將受到文明人的喜愛與擁護，自然不在話下。怕的是，沒有人才來弘揚而已。

起先，我比較熱衷佛書閱讀，喜愛究竟教理，直到自己發覺讀經研究，沒有解除多少煩惱，經過一番反省，始知自己陷入知識論裡，變成一個佛學研究者。於是，我趕緊掉頭，轉向生活化的佛教。結果，才發現法喜充滿的感覺，原來出自「信受奉行」。

本著野人獻曝的心情，謹把這些心得提供給初學佛的同修，希望一塊兒來享受法喜，豐富人生。

學佛中，我很感激新竹福嚴佛學院師生的接引和栽培，在洛城時，「弘法中心」的同修們多方鼓勵與提携，尤其，本書能夠出版，幸蒙大展出版社蔡森明居士協助，都令我感激不盡。

劉欣如序於

洛杉磯

目錄

序(一)——吳伯雄序……三
序(二)——星雲大師序……五
序(三)——照初法師序……七
自序……一〇
1 生死與涅槃……一七
2 心　病……二二
3 豈此逆來順受而已……二七
4 西方淨土與人間淨土……三三
5 心安與安心的秘訣……三八
6 低能者的解脫……四三
7 慚愧、懺悔、自在……四六
8 一句偈語的新詮釋……五三
9 名師出高徒……五八

10 利根鈍根不足議，但要不執著……六四
11 怎樣開拓沒有死刑的淨土……七〇
12 怎會看不開，放不下呢？……七四
13 省籍情結外一章……七八
14 兩種打人不可相提並論……八三
15 仇恨火種也會燎原……八七
16 留下錢財，不如留下智慧……九三
17 用出世的心，做入世的事……九七
18 從危機到轉機，從仿冒到創造……一〇三
19 圓滿的生活觀──重視出世間法……一〇八
20 點滴不浪費……一一二
21 學佛四步──信解行證……一一八
22 怎樣活用兩首偈語？……一二四
23 我怎樣面對無常呢？……一二八
24 從自殺談到「死亡尊嚴」……一三二
25 友誼永在的秘訣……一三七

26 天才的追尋……一四二
27 以戰止戰是愚癡……一四七
28 錢財與快樂……一五二
29 只有學禪，才懂生活……一五八
30 「長江後浪推前浪」的新釋……一六三
31 不妨等閒嫉妒心……一六八
32 學佛與學識……一七四
33 波斯灣動盪的根源……一八〇
34 專注誠可貴，定力價更高……一八四
35 聰明人、讀書人、智慧人……一八九
36 學佛秘訣——珍惜現在……一九五

生死與涅槃

佛教裡，生死與涅槃，常常被相提並論，但意思不同。因為生死指迷界的苦果，而涅槃指悟界的證果。所以，人們常把它和「煩惱即菩提」一語連用。這些都是大乘佛教的教義名稱。《梁譯攝大乘論卷下》說：「生死即涅槃，二無此彼故。」大乘的著名學者——龍樹菩薩也說：「生死即涅槃。」

表面上，好像生死與涅槃屬於異語同義，才讓許多非佛教徒誤解。但在直覺上，非佛教徒會把「涅槃」看成「死」的佛學名詞。老實說，有人把釋尊肉體的死，稱為涅槃，或般涅槃、大涅槃。所以，後人刻繪世尊入滅的姿態與畫像，也稱為涅槃像，而舉行追慕世尊的法會，也稱為涅槃會了。

佛教所指的生死，跟常識上的解說不同。佛教把生死看做一切生物的輪迴。原則上，生物會依據自己的業因，在天、人、阿修羅、餓鬼、畜生、地獄等六道迷界裡，生死相續、永無窮盡，這是根本苦惱，跟涅槃相對。佛法認為生死是苦惱世界，所以也叫做生死苦海，而學佛修行，目的在渡越生死苦海，到達涅槃的彼岸。

一般人所謂生死，純粹講肉體的存在與毀滅，這樣，顯然不能用涅槃代替死亡。如果沒有解脫，則永遠在生生死死上打轉，永遠在六道的迷界翻滾，也始終跟煩惱交纏不斷。其所以如此，在於人的無明。那麼，無明只有靠智慧克服，而學佛就等於開智慧，克服無明，了斷生死。

許多人常說：「生死事大。」誠然，人要了生脫死，但要永遠解脫不是那麼容易。《成唯識論卷八》把生死分成兩種：一種叫分段生死，另一種叫做變易生死。「顯識論」和「勝鬘寶窟卷」裡，卻把生死分成四種，而《雜阿含經卷六》則分成七種生死。這些都跟常識上的理解大異其趣。

簡單地說，涅槃也意譯為作滅或寂滅，大般涅槃譯作大圓寂。原字本意指吹滅或火勢熄滅狀態，再轉作煩惱的火滅盡，完成覺悟。所以，超越生死的迷界，等於佛教的最後目標，此時稱為「涅槃寂靜」。在印度，也有些外教追求涅槃，但跟佛教的境界不同。大乘與小乘對涅槃的解釋不大相同，而且異說紛紛。

涅槃不是空洞、斷滅或虛無。否則，釋尊離開家庭、拋棄王位，之後弘法四十年，不就等於沒有意義嗎？

在中國小說裡，習慣用圓寂，而不常用涅槃，而且，一般作者也不可能詳解圓寂的內涵，才讓讀者輕易揣測圓寂是死的代名詞。

再看巴利文原典對涅槃有明確的定義和說明，但不要太執著語言文字。否則，會像巨象陷於泥淖裡，欲拔不能，反而愈陷愈深了。

律藏大品及雜部經說：「涅槃是徹底斷絕貪愛——放棄它、摒棄它、遠離它，從它得到解脫。」

《雜部經》說：「一切有為法的止息、放棄一切汚染、斷絕貪愛、離欲、涅槃。」同部經上說：「羅陀啊！熄滅貪愛，就是涅槃。」「它就是貪的熄滅、瞋的熄滅、痴的熄滅。」

有一次，一個遊行者向舍利弗（釋尊門下有「智慧第一」稱譽的弟子）問說：「什麼是涅槃呢？」

舍利弗回答：「貪、瞋、痴的徹底熄滅。」

有人把涅槃說成積極或消極，都是不對的。因為「消極」與「積極」是一種相對概念，也有「兩立」的意思。其實，這樣不能用來表示絕對真理——涅槃，殊不知涅槃是超越兩立和相對的境界。

《北本大般涅槃經卷廿三》指出，涅槃有四種大樂：⑴無苦樂、⑵大寂靜樂、⑶大知樂、⑷不壞樂。

《方等般泥洹經》記載，涅槃有八味：⑴常住、⑵寂滅、⑶不老、⑷不死、⑸清淨、⑹虛通、⑺不動、⑻快樂。

巴利文『雜經部』第一集上說，凡是自己親證真理或涅槃的人，不會受制於任何錯縱、迷執、憂愁、悲苦等虐待別人的心理狀態。他的心理健康、完美無缺。他既不追悔過去，也不冥索未來，只是紮實地生活在現在裡。因此，他能以最純淨的心情，欣賞與享受一切，而不摻雜一點兒自我的成份。他是喜悅的、雀躍的，享受著純淨生活。他的感官怡悅、無憂無慮、心靈寧靜。

《中部經》上說，他無憎恚、狂妄、傲慢，只有慈悲、寬容和同情。

涅槃不是一般善惡、是非或存在不存在等觀念所能概括。甚至用「快樂」一詞，意境也未必妥當。有一次，舍利弗直喊：「同修啊，涅槃真正快樂哩！」伏陀夷問他：「舍利弗，如果連感覺都沒有，怎麼還有快樂呢？」不料，舍利弗卻以高度哲學的意味回答：「沒有感覺本身，就是真正快樂。」

總之，涅槃是有智慧的人內證得到的。學佛若肯按照教誡，勤奮修持，總會淨化自我，證得到真正涅槃。

《涅槃經後分卷上》有一段描述：世尊躺在娑羅雙樹間，即將要入涅槃時，服侍世尊多年的阿難，忍不住心如刀割，淚水直流。釋尊反而安慰他說：「阿難，你別傷心難過，教化衆生的神聖任務一旦完畢，就要進入涅槃，這早已成了諸佛的習慣……。」

難怪不明佛理的人，看到這裡都會不加思索，把涅槃看做單純的肉體死亡；殊不知它有一層很重要的意義，就是自己證悟，又要度衆生，才肯入涅槃；其間，充滿大慈大悲和無量功德。

涅槃分成兩種，一種叫做有餘涅槃，另一種叫做無餘涅槃。顧名思義，兩者的區別關鍵在有沒有「剩餘」?原來，人活在世間成就佛道，也是不完全的存在，雖然斷了煩惱，肉體依然存在；這是有餘涅槃。無餘涅槃是指灰身滅智的狀態，意思是，一切都歸於滅無的狀態。釋尊的圓寂叫做「入滅」，意指他進入完全涅槃的狀態。

心病

每次閱讀佛陀傳記，我便發現年輕的悉達多王子在「四門出遊」時，看見過病人以後，始知人生原來有病苦，這是他自幼生長在王宮，不愁吃不愁穿的日子裡，根本不曾遇到的現象，才突然讓他大吃一驚，引發多少細膩憂愁的感觸，促成他以後去出家與求道的原因之一。事實上，自從人類誕生地表上以來，不分男女老幼，一輩子不知要歷經多少回病苦，大家無疑是見怪不怪的常事了。

不過，俗話說身病好醫，而心病難醫。依照《修行本願經》卷下和《大智度論》卷上指出，人類的身病，包括身痛與頭痛在內，雖然多達四百零四種，遍及現代的內外科、耳鼻喉科、婦產科、神經科……殊不知人類的心病更多更雜，所謂心病，實際上就是煩惱或魔障，佛教習慣把煩惱也譬喻為病苦，而凡夫的煩惱或心病，簡直多到難以計量，才會用八萬四千種來表示了。

現代人處在工商社會裡，人際關係很雜亂，糾紛和處世不容易，價值標準變化難測，有時反而讓人回味農業社會多麼單純，既有公認的價值觀，和固定的傳統習俗，心理也很容易平靜。總之，現代人的悶悶不樂成了普遍與時髦，雖然美其名為多元化、現代化或知識化…

……等等，事實上，現代人的煩惱反而隨這些新名詞的出現而與日俱增，但又找不到解決的良方，所謂芸芸衆生，殊堪憐憫，佛陀說得一點兒也沒錯。

既然佛陀有識在先，也自然有醫治心病的妙方。可惜，世人都不知也不願信受時，病情照樣難得有起癒的指望了。

《大智度論》卷上說，凡夫的心病是指憂愁、瞋恚、恐怖、嫉妒、疑惑、或者由淫、恚、慳、嫉等因緣衍生出來的各種苦悶。站在佛教的立場上看，這些人類千古以來的心病，其實都不難根本治療，困難的關鍵，完全在世人妄自菲薄，忠言逆耳，才會愈陷愈深，自掘墳墓。

這些證據在佛經上眞是屢見不鮮了，《法句譬喻經》第一記載，佛陀曾經替舍衛國須達長者的親戚看病，因為病人很頑固，不聽任何人的勸告，釋尊直截了當開導他說：「如果剛愎自用，不分正邪，連日月、天地、祖先或君父都奈何不了他，所以……」要他通情達理，力求心安，不能固執己見。而且用佛戒與佛教來克服修善的障礙……。另一則也提到釋尊教示，一群強盜：「世上最可怕的傷害，莫過於憂慮，天下最大的毒箭是愚蠢，你們因為貪欲才去殺生。你們惟有嚴守戒律，竭力行善，才能除去心病。」

釋尊的每句話，都是鏗鏘有聲，合情合理，豈不是這個罪苦世間的治病良方？

心病細微不易觀察，但也是最危險的。因為冰凍三尺，非一日之寒，有時修持功力很高的佛教徒都難免害了心病，好像須達長者那樣虔誠，又肯奉行佛戒的大德。

有一次雖然得了身病，病勢很嚴重，其實，那是心病引起，才造成惡性循環，幸好舍利弗很聰明地指點他說：

「你是正信的居士，凡事有信心，平時多聞，又肯布施，見解與智慧都沒有問題，不會有後顧之憂……」

須達長者聽了，苦悶果然消失，也恢復了自信。人要信佛學佛，先在「信」字，而且要持之有恆，否則中途也會起心病。這是出自《中阿含經》第七之中的證言，而不是無的放矢。

佛教心理學討論各種生命活動，其中有一種惡心作用叫做煩惱。依據唯識學派所說，煩惱包括貪、瞋、癡、慢、疑和惡見等六大類。其中，以貪、瞋、癡等三毒最根本，然後才引發二十種隨煩惱。

《成唯識論》記載，貪欲會引發慳與憍的隨煩惱，而貪欲與愚癡又會衍生誑與諂，以及覆等隨煩惱。人生的路程很長，處處陷阱，一不小心，很容易跌入五花八門的隨煩惱裡，可見信受佛教不能等閒了。

佛教史上，有一個惡名昭彰的提婆達多，無異是心病最嚴重的患者，因為他在修行過程裡，不幸地籠罩在貪，瞋、癡等三種巨毒下，他嫉妒釋尊的成就，妄想迫使釋尊讓位，由自己來領導教團，不能如願時，三番兩次陷害釋尊，甚至花言巧語破壞僧團。關於其間許多曲折過程，和提婆的奸詐罪業，有許多部佛經描寫非常仔細，簡直到了驚心動魄的程度。最後，他當然難逃最可怕的報應了，還有，提婆從畜生界與餓鬼界，又輾轉到地獄去受苦了。說來說去，提婆達多是佛教史上心病最重大的個案，有近因和遠因，也有最清楚的果報，值得佛教徒的警惕。

煩惱即是魔障，它會破壞我們的善根，擾亂我們的身心，尤其在修行菩提道時，它的聲勢會顯得更淩厲，當年釋尊坐在菩薩樹下，也曾經遇到群魔來騷亂……我們若想得到自在和解脫，非要先擺脫或降伏它們不可。

那天夜裡，我客居洛城的一家公寓時，窗外傳來陣陣的小蟲叫聲，周圍的情調彷佛自己當年住在新竹縣鄉下的樣子，在一盞明亮的孤燈下，我很感動地閱讀證嚴法師修行菩薩道時，如何節節逼退十大魔軍的自述。讓我感動得幾乎落淚，因為她這副弱不禁風似的身體，居然果敢地用六波羅蜜來降伏魔障，這是何等魄力，何等願心。

在我羞愧的自責中，仍然記得她的誠摯勉勵——「起布施心，行持戒行，用精進力，著忍辱鎧，提智慧劍，執禪定盾，遮諸煩惱箭，才能轉變『十魔』為『十利』，自利利他，功德無量。」誠然是苦口婆心地反映出體驗心得。

遠的姑且不說，眼前活生生的例證，不就是逼退魔障，治療心病的妙方嗎？我們何必捨近求遠呢？寫到此，忽然想起慈航法師一句偈語：「只要心裡覺得好，東西南北都會好。」

這不就是另一個堅強的佐證嗎？那也是心病的治療法。

最後，不妨參考星雲大師在鳳山佛教蓮社的佈教會上，所開列一份對治心病的處方，可作現代心病患者的座右銘，那就是：

貪病起因於愛，可用知足、捨、戒來對治。

瞋病起因於憎，可用慈悲、忍、定來對治。

癡病起因於迷，可用學道、覺、慧來對治。

只要奉行這個處方，身心都能健康起來。

豈此逆來順受

從讀小學開始，我不知寫過多少作文題是：「快樂的生活」。我敢確信，所有大、中、小學生發揮這道題目時，必定少不了「身體健康」這個條件，那也可說是必要條件之一。即使到現在，任何人都會認定這項條件的絕對價值依舊不變，而且，大家都會說出同樣的理由來堅持或肯定它。

雖然，我學佛以後，也不反對它的必要性，無如，卻有不同的評價與解釋了。我發現身體健康不一定會快樂，而不健康的人也未必不快樂，其間有頗大的彈性，也就是有快樂與否的認同問題。說得極端些，所有病人或殘障者，不是個個都不快樂或不幸福，而是看病人或殘障者自己的心態，才是決定幸與不幸，快樂與否兩種完全相反的感受。

有一次，我讀到花蓮證嚴法師到慈濟醫院安慰病人的文章，她力勸對方要「歡喜受」，我起初看不懂意思，直到好幾年後才懂得。其間，也是有一段因緣才讓我領悟出來。

原來，我有一位六十多歲的堂姊，不知怎地，竟患了一種坐立不能，更無法步行的骨病（我忘了病名），連起床上廁所都要靠拐杖，甚至每天要服用鎮痛劑，才能克服體內隱隱發生的陣痛，而她偏偏又是個愛出門的人。不消說，這種病對她是絕對不幸，不利也不便，簡直剝奪所謂「健康即是幸福」那句話，彷彿當年對音樂如醉如癡的貝多芬，忽然患了耳聾一樣，打擊之大，不足與外人道也。

所以，我那年從國外回來，一聽說她患了骨病，必須待在家裡不能出門，心想：「這不是要她的命嗎？何況還得服藥來治痛。」

誰知這位堂姊倒也不是泛泛之輩，因為她學佛至少二十年，但不知她皈依那位法師，也不知她平時上那間佛堂參與法會或聽經？不過，我確知她對佛理的造詣頗深，所以，當我在電話中向她問候，打算盡量用佛教的觀點安慰她時，反而先聽她在電話中侃侃而談，心情很開朗，很有條理，很有自信。她說：

「我自知業障重才會得了這種病痛。現在暫時服用鎮痛劑，但不忘打聽那裡有名醫？當然走路很不方便，幸好還不要人服侍。我每天讀經持咒，希望消除業障。只要業障一消，找到名醫，這種病應該醫得好。我要耐心承受它……。」

我聽了心裡尋思，若病人能抱持這種心態，對自己絕對很有利。這不就是證嚴法師說的「歡喜受」嗎？她勸病人用歡喜心承受或迎接病痛，不要把病當成病，心理上不要一直執著：「我患這種病，真倒楣。」或「我大概好不了，這輩子完啦！」「我活不成了」……完全失去信心，或不斷對自己提出負性的暗示，則彷彿失敗如山倒，再有力的支援也幫不上忙，再好的藥也救不了他。

關於這一點，《法句經》有一首偈語，應該是最好的啟示：「輕動變易心，難護難制服。智者調直之，如匠搦箭直。」（三三）

上面談到的幸與不幸，或快樂與否的認知以及評價，有頗大的差距和空間，就是指心的變化掌握，完全靠自己來調配；相當於俗話說「觀念問題」，而千萬不要拘泥，或執著於客觀事實，別忘了觀念或心的制御，可以操之在我，絕對不能心隨境轉，完全受制於外在境界。

有些聰明和仁慈的醫生，有時也會用溫和的語氣，安慰病人：「自己的病，要靠自己醫」，這絕不是故意欺騙病人，而是千真萬確，因為人身有天生的治癒力，當人身的力量強時，病情力量會減弱。俗話說道高一尺，魔高一丈，而生病情況正好相反，只有道高一丈，才會逼使病情減到一尺。所以，心的作用極為重要。

依世俗的眼光看，身體殘缺無異一輩子在生病，而且沒有治癒的希望。這種人一定不可能幸福，心情必定不能開朗，日子也一定快樂不起來，甚至陷入不可救藥的自卑自嘆裡掙扎一輩子。

其實，有些殘障人不見得如此，相反地，他們還活得蠻快樂，自認為頂幸福。我心想，這種人除了能夠「歡喜受」，還有更開闊的胸襟，和一種超脫的心，讓自己不會拘泥於色身缺陷，才能真正看得開，放得下來。

例如，美國的海倫凱勒女士，自幼具備盲、啞、聾三種大病，真是標準色身殘缺的人。當然，她成長過程裡嘗過別人想像不到的諸多苦痛。可是，有一年，她到日本神戶演講，透過英語和日語的翻譯，一開口便說：

「我的眼睛看不見，耳朵聽不見，嘴也不能說話，但是，我想我是世上惟一幸福的人。我遍遊世界，給予世界許多聾、啞、盲人以希望和喜悅。引導不幸的人走向幸福的大路，這是多麼可喜的事哩。」

她的話多麼令人動容和敬愛，可見人無論處在如何惡劣的狀況裡，也能有快樂存在，也能找得到幸福，而千萬沮喪和悲觀不得。

還有日本一位很特殊的女藝術家，藝名叫做宴吉，就是現在的大石順敎尼，算是當代的名人。年輕時，她在大阪被人砍斷兩腕，由口到耳邊也被砍裂一個長口。人們看見她，都忍不住同情和可憐她。知道她吃飯、穿衣、洗澡、大小便等是多麼不方便和不自由，同時料定她是一位極不幸的人，但事實不是這樣。

她每天活得快快樂樂，雖然失去了兩隻手，但她的書與畫都非常出名。幾年前，她用金泥絹紙寫下《般若心經》，竟當選為日本文化展覽會上的佳作。

她經常到全國各地演講，也教化了許多不幸的人。

她甚至說：「我幸而被砍掉了雙手，才擁有今天的幸福。」

乍聽下，這句話毫無道理，大家以為她故弄玄虛，或吹毛求疵。但是，這反而更能證明她是一位不平凡的人，居然不把普天下公認為苦的事放在心上，毫不理會這副殘缺色身，足見她的心量或心態非同小可，真正超脫了世俗，這使我想起《法句經》一首偈語：

「如魚離水棲，投於陸地上，以此戰慄心，擺脫魔境界。」（三四）

也許有人說，這兩個實例太極端，其間也含有不平凡和極感人的特點。

二十多年前，我在台北永和鎮租房子住，女房東是位小兒痲痺者，走路要靠拐杖，姿色普通，不過，她有過人的才智。從小學到大學畢業，一直名列前矛。當她在一所家職任教時，也得過優秀女青年獎。結婚後，先生學歷比她低，但忠實苦幹，從建築工幹起，十幾年後，她竟能協助他成了出色的建築商，而且由她親自在家坐鎮，指揮幾十名工人。

有一年，我順路到她府上採訪，語意間忍不住問她：「你會不會有些自卑呢？」我的話一出口，始知自己失言，一時非常不好意思。

誰知她毅然答道：「不會」，接著又說：「我的頭腦不輸人，思考一切問題都不比人差，反而比別人更會出點子。我只有行動不便，幹嘛要自卑，現代人不是較量力氣……。」

我聽了十分佩服她不愧是得過優秀獎的女青年，也是一位女強人。

佛經上說，佛陀曾在幾劫前，也用歡喜心布施自己的肉身給餓虎和餓人，倘若不用歡喜心，而在戰戰兢兢，百般不願的心情下，又怎能實踐這種徹底的慈悲呢？

總之，人的心是不可思議的，有時，世間所謂幸福與否，甚至是不是一場災難或浩劫，也不完全是客觀的判定，與不可改變的事實，它很可能變成主觀，亦可改變，或被人所接受，問題全在自己肯不肯，敢不敢，能不能去面對，改變與超脫；如果不能，當然會註定自己永遠不可能有幸福、心隨境轉，別人也幫不上忙的。

當然，心要能轉境，非有真智慧不可。那麼，真智慧怎麼來呢？佛教說持戒與落實，行住坐臥，片刻不能疏忽；水到渠成，功德圓滿，就有真智慧。若隨時可以轉境，即使在惡劣的情狀下，也能歡喜受，得到大自在。

率領「美國佛教宏法中心」居士們拜訪洛杉磯的西來寺

1994年４月作者在台北宏法

西方淨土與人間淨土

「極樂國土，七重欄楯，七重羅網，七重行樹，皆是瑰寶周邊圍繞……有七寶池、八功德水，充滿其中，池底純以金沙布地。四邊階道，金、銀、琉璃、玻璨合成，上有樓閣，亦以金、銀、琉璃、玻璨、硨磲、赤珠、瑪瑙而嚴飾之。池中蓮華，大如車輪，青色青光、黃色黃光、赤色赤光、白色白光，微妙香潔……常作天樂，黃金為地……常有種種奇妙雜色之鳥……晝夜之時，出和雅音……微風吹動諸寶行樹，及寶羅網，出微妙音，譬如百千種樂，同時俱作……。」

佛教徒都知道這是《阿彌陀經》的一段經文，描述西方極樂世界的硬體與軟體詳情，娓娓動人，令多少佛教徒心生嚮往，願生彼國。我想，基督教、天主教的天堂萬萬比不上這塊淨土，縱使天堂上的硬體建設美侖美奐，但沒有軟體，不會讓人身心自在、生活悠閒。淨土上的軟體是，微風吹動寶樹、寶羅網，發出妙音，像百千種音樂，同時俱作，當真令人心曠神怡。

不說學佛人憧憬西方淨土，恐怕包括異教徒在內的全世界人士都不例外；但憧憬歸憧憬，現實還是現實，我們何妨參照西方淨土的藍圖，來建設眼前的人間淨土，那就是立足大地，努力美化和清淨自己家園、國土和整個地球。

先談人類的住家——地球，近年來，聯合國環保專家的報告令人沮喪。因為人類自己把這個大環境搞得烏煙瘴氣，滿目蒼夷，完全失去青山綠水、空氣清新的可愛面貌，就是先進國家濫伐森林、嗜殺動物、製造垃圾和噪音，空氣水流備受污染……而落後地區只知仰賴原始資源生活，拚命消耗地表和森林動物，而不知培植保護，在在出自人類無止境的貪婪，與不可救藥的愚癡，致使生態每下愈況，生存空間愈來愈不樂觀。例如，聯合國糧食農業組織指出，全球土壤流失速度不斷加快，促使可耕地面積減少，相當於一個愛爾蘭，更嚴重的有，濫伐森林，放牧過度，從事不當活動，使不少可耕地變成廢土，這些需經過三千年到一萬兩千年休養生息，才能復原。

再說北半球製造的溫室廢氣極端嚴重，尤其是二氧化碳。報紙上說，美國人口僅佔全球四％，卻耗掉全世界四分之一以上的燃料，是製造廢氣的禍首。即使美國人浪費太多能源，他們也不習慣節約，絕不肯失去自由駕車，和不任意排放廢氣的權利。

像這樣無休止地胡搞下去，縱使一味想憑科技力量建造人間淨土，也恐怕不容易。惟一的希望，懸崖勒馬，努力保護環境。否則，遲早會自作自受，嘗到惡報，那是地球人共同造的業，要由地球人自己來承受，而不可能由外星人下來承受嚴重的惡果。

那麼，人間淨土至少要像個什麼樣子呢？不妨列舉星雲大師的意見，因為他曾向成千上萬的佛教徒演講現代淨土，就是不要聞到黑煙穢氣，聽不見喧囂噪音，看不到髒亂污染，和到處森林被砍伐，動物被濫殺的慘狀，反之我們希望放眼都是綠樹花草，聽得見枝頭鳥叫，呼吸得到新鮮空氣，也能經常聞到法樂，享受自在生活。

建設人間淨土的先決條件，就是佛經上所說「心淨國土淨」，如果缺乏衛生觀念和環保意識，恐怕連自己的住家前後，和社區環境都不會乾淨，不會莊嚴。例如，國人只管打掃自己的房間，踏過門檻的走廊馬路，都任它髒亂，眼睜睜看著垃圾堆積，穢氣衝天，也視若無睹。身邊環境髒亂，絕不可能有健康的身體，遑論建造人間淨土？

環保不僅是人間淨土的縮影，也不只是政府的責任，環保即是保命。談到保命，即是每個人的責任，縱使是升斗小民也有能力做環保，更有義務去身體力行。佛教徒必須覺悟的是，人間淨土要從個人開始，也從家庭、鄰里、社區和鄉鎮開始，而不是靠政府三申五令，強迫推展的。

我近年返台都客居在舍弟台北市興隆路二段的家，房子座落在一個大社區，大約二百戶人家，但佔地面積不頂大，長方形四邊都是六層大樓。區內空地非常乾淨，小徑旁的綠樹成蔭，地面青草如茵，空隙種植各類花草，難得清晨聽得見小蟲小鳥的叫聲。鄰居雖然彼此不認識，見面相碰也會微笑招呼，從來沒人大聲說話，真是鬧中取靜。一走出房門，也覺得身心舒服，彷彿置身在自己建設的淨土裡。

我心想，只要家家戶戶都有決心和共識，為自己建造人間淨土，就像眼前社區的樣子，不是也能清淨自在？這樣，大台北也不難成為更大的現代淨土了。

更令人感動的是，今年初我拜訪花蓮慈濟功德會，目睹一件事情讓我非常敬佩。本來，有關慈濟的活動，我早從他們的雜誌上讀到許多，只有這件事出乎我的意料。

當我們大群信徒聽完證嚴法師的開示，之後，到尚未完工的餐廳享用慈濟便當。我們快吃完便當時，便見十幾名漢子穿著慈濟標幟的背心、頭戴小帽，每人手提一個大空箱，分別站在我們前面，手腳熟練地把吃完的木製便當盒、竹筷和紙屑等分開來放好。他們很有耐心、態度誠懇、表情莊重。我剛巧坐在前排，靠近其中一人，忍不住好奇心起，疑惑地問他：

「為什麼要這樣？」

「一邊處理垃圾，可以清潔環境，一邊回收資源，可以再造新物資。你知道這樣能節省多少錢嗎？」對方回答。

「多少呢？」我馬上接口問他。

「每年少說也省下五千萬，既不浪費木材，又能清潔環境。坦白說，我們已經做五年啦。」對方微笑起來，那是得意和滿足的情緒，我看得出來。

當我忍不住讚嘆時，只聽他放緩聲音說道：

「我們不是為了名和利，只是賺到歡喜。」

這句話讓我在返回台北的火車上，回味不已，真有說不出的感動。

後來，報上又說，慈濟人發心做環保，男女老少都有，也有董事長，甚至董事長的爸爸、媽媽，都歡歡喜喜，不拿分文，以平等心「破我執、滅我相」，正從最小處做起，一面體驗共修、一面造善因。他們深信環境能淨化，也就能淨化心境。其實，他們默默在撿垃圾，也是建造人間淨土的起步。同時，他們也可能是國內最先發心，最具體在推展人間淨土的隊伍。他們深知「菩薩畏因，衆生畏果」的佛理，才情願放棄假日，跑來當義工撿垃圾、掃除髒亂，落實菩薩道。

目前，這件大工程各國政府有心無力，遲遲不能推動的理想。想不到國內由一群慈濟人在發心推展了。以證嚴法師的福報和願力來說，先由花蓮東部做起，之後到西部以至全省各個角落，和全世界，都是他們的志業。

只要大家明白環保是舉手之勞。人人有責，人人能做，那麼，建造人間淨土才有可能，而且，也能比美《阿彌陀經》上的西方淨土。關鍵在不為也，非不能也，世人務必記住地球毀了要住在那裡？鄉土沒了還有什麼淨土？

心安與安心的秘訣

我常從成語辭典裡，發現下列兩類性質完全相反，都是用來形容心境的成語——一類表示快樂，另一類彰顯苦惱的心情。前者如心安理得、心花怒放、心寬體胖、心曠神怡、心平氣和……後者像心如刀割、心灰意懶、心浮氣躁、心煩意亂、心亂如麻、心驚膽跳……。兩者對於心態感受、情緒和感情等正反起伏，表示得體極了。

總的來說，第一類受人熱愛，如醉如癡去追求，而第二類卻令人厭憎，拒絕逃避都來不及，其實，兩種心境都來自一顆心呀，你說奇怪不奇怪？

那麼，心境為何會這樣呢？怎樣才能得到前者？而怎樣可以避免後者呢？

我在想，古往今來，不知有過多少文學、哲學、心理學、宗教等專書，曾從各個角度解說和回答，這個人類史前時期就開始存在的謎題了。

沒有學佛前，我何嘗不是為這個人生的疑案迷惑和困擾過呢？記憶裡，我從高中時代起，就憂鬱地請教過國文老師，之後上了大學，也登門拜訪過知名社會學和心理學教授；在國外，也曾跟一群異國同學熱烈討論；到社會上做事後，接觸過士農工商各個階層的人，只要有機會，我都會悄悄地向他們打聽正確的答案。最後，可說意見紛紛，沒有固定結論。有時，我不禁懷疑，難道這是個沒有答案的題目嗎？超過人類的知識範圍嗎？甚至有一回，當我問到一位官場得意的老同學，看到他每次選舉，都能高票當選，而今名利雙得，兒孫滿堂，看似很有辦法的人。不料，他也十分疑惑地反問我：「你問我，叫我問誰呀！」我彷彿問道於盲，看他也在搖頭苦笑起來。

後來我學佛了，許多佛教成語倒給豐富的啟示，和意外的覺悟。例如心隨境轉，就是其中之一。多年後，我忽然理解心隨境轉，不就是那個問題的正解嗎？唉呀！踏破鐵鞋無處尋，原來寶貴的答案，竟會藏在佛教裡，那種如魚得水，似鳥翔空的狂喜，當真不足與人道。的確，心隨境轉詮釋了人生愉快和苦惱的來源，簡直不可思議，始知佛教智慧奧妙極了。

這句話是印度瑪努拉尊者的傳法偈，他是釋尊以後第廿二代祖師，修行和佛學，當然不在話下。他這樣說過：

「心隨萬境轉　轉處實能幽
隨流認得性　無喜也無憂」
（《景德傳燈錄》第三則）

詩偈意思是，人的心始終跟隨外界各種現象，像走馬燈一樣轉動變化。它沒有固定的樣子與形態，只是感受外界現象的一種作用罷了。一旦感應外界事物，心就開始運作，而後陷入愉快和苦惱裡。

說真的，心這種怪物沒有什麼可以替代，人從出生到死亡，那顆心一直隨著外界現象起舞，喜怒哀樂，連自己都拿捏不住。難怪有人嘆息：「心令人迷惑，根本靠不住呀！」好像讓人百般無奈，不屬於自己的東西似地。

事實既然如此，人為了適應生活，而且要活得幸福自在，就得好好選擇和注意這顆捉摸不定的心了。

那麼，我們怎樣才能得到愉快，避免不愉快的心境呢？其實，這是一而二、二而一的問題，最後解答和目的只有一個，就是得到安然自在。

首先，我要說到禪宗史上一則膾炙人口的記載，因為它值得世人深思和警惕。

達摩面壁、二祖立雪，斷臂云：「弟子心未安，乞師安心。」摩云：「將心來，與汝安。」二祖云：「覓心了不可得。」達摩云：「為汝安心竟」。（《無門關》第四十一則）

大意是，人若隨著心的起伏，而有一喜一憂，顯然會被囿在其中。根據禪學要旨，安心與不安心皆不存在，一切要無心。所以，後來達摩也向慧可開示：

「只要斷絕一切外在關係，那麼，內心的掙扎便會中止。」

誠然，禪師開示自有道理，事實怎會有那麼容易呢？因為芸芸衆生都是凡夫俗子，也都活在迷境跳不出來……勿寧說，破解不安心的根源，面對煩惱或不安，不要陷入愚癡裡，才是惟一的自救法門。

佛教有一句名言：「三界唯心造」，台北無心道場的心道法師也有恰當的註解，六道輪迴都是由我們的心製造出來的，而之所以會有六道，乃基於六種心態感應而來。

記得更淺顯些，心裡不安的原因很多，譬如疾病、死亡、災禍、失望、情感、錢財……等問題引起，而這些都是活在世間絕對難免的。那麼，用般若智慧去剖析問題的性質和原因，別讓自己老是在愚癡裡庸人自擾，而恍然領悟一切是自尋的苦惱，根本不屑去理會時，不就能夠鬆一口氣，同時心平氣和，和心曠神怡嗎？

誠如日本的艮寬和尙說：

「災難時節逢災難，死亡時節遇死亡，這才是避免災難與死亡的妙法。」

這正是佛教的真智慧，凡事要面對和理解，逃避不足取，才能將不愉快減少到最低的程度，甚至化整為零，變成沒有。

例如許多人面對老死，都難免會惶恐，其實，只要真正「信受」諸行無常，都難逃一死，心境就會坦然多了。若再觀照諸法不實，也能處處看破放下，自在解脫。有人怕失業而心緒不佳，只要他平時有節約的習慣，又能早日籌劃副業，也都能有備無患。有人對疾病不安，其實，他只要平時有艮好衛生習慣，常常運動，注意飲食……也能驅除惶恐，安然無恙。

記得我婚後第一年，眼見妻的臨盆期逼近，不禁悄悄問她：「會怕嗎？」她堅決說：「

不怕。」一則她信任現代醫術的高明和安全，二則說胎兒十月期滿，彷彿瓜熟落地，留也留不住，不如順其自然。所以，一切都要坦然面對……我聽了非常敬佩她的機智與安心秘訣，正是脫離愚癡的做法。

有時候，許多不安都是幻想來的，事實和眼前並不存在，萬全的準備也是安心的絕招，這樣一來，就沒有時間和心情胡思亂想了。之後，縱使遭遇災難，也因為有妥善準備，可讓災害減少到極限。

當然，人在順境和逆境的心情絕對不同，但要牢牢記住順逆情境都是無常，也可能稍縱即逝。所以，我們一方面以不變應萬變，一方面要用智慧調整自己的心。那麼要用什麼智慧呢？我不妨推荐明朝末年陸湘客所揭示的「六然」，倒也不失為制御心緒的高招。那就是：

1.自處要超然——常常表現自我，並以超脫態度表現。
2.處人要超然——常常以超脫態度發揮人我一體的特色。
3.有事要斬然——一旦發生問題，要當機立斷，全力去面對和處理。
4.無事要超然——常常保持內心平靜，洞悉自己。
5.得意要澹然——順境時不驕傲，冷靜處理。
6.失意要泰然——失敗或失望時，要坦然接受，養精蓄銳後，重新振作。

低能者的解脫

據說台北一位蔡姓企業家，經營牛仔褲工廠非常成功。他在古稀之年，發心回饋社會，就成立財團法人，選在新竹縣湖口鄉建造一所頗具規模的療養院，專門收容和教育低能兒童，事實等於一間啟智學堂。在今天這樣重功利的社會裡，非常難得有這位老菩薩挺身出來拋磚引玉，樹立菩薩行的典範，實在功德無量。

剛巧我師範時代一位同學——胡永金兄，受聘到該校負責校務，稟承董事長的心願，落實各項計劃。前些日，我到了該校，放眼望去，僅是一群殘障的青少年，從他（她）們的身軀、手腳、面孔和表情……等表現，也能清楚判別他們的智能有缺失，異於常人，而一股說不出的憐憫心，不禁油然而生。同時，讓我立刻忍不住用佛教智慧來觀照這個事實，深知其中有不尋常的因緣。

因果業報和六道輪迴，無疑是佛教很重要的特質。由此引伸，任何生命的現身，都不是偶然、突變和莫名其妙，而都有它的來龍去脈，和前後因果。依佛教來說，人間也是六道輪迴之一，但算不上最美滿的境界，仍然苦惱無窮盡，還得靠智慧來解脫。不過，出生人間界卻很殊勝、很難得。因為可以學佛修行，有很多機會得到解脫，免受輪迴的苦惱。不論身體健全與否，智能高低如何，都不會例外。

從世間法的生物學現實而言，天生智障或身體殘缺，極可能出在父母親的精與卵本身有問題，或結合過程出差錯，至於為什麼如此呢？追根究柢，就得靠出世間法來圓滿解說，才能究竟和徹底。那就是前世某種因緣或業障，也就是親子之間有某些瓜葛所致使，而絕不是偶然、突變或莫名其妙的結果。

許多佛經故事，都提到佛陀座下一名智能殘障的弟子，名叫槃特。因為同修們都輕蔑他蠢得不像話，連佛陀也憐憫他，才特別留在身邊擔任打掃。誰知他居然笨到連「掃帚」兩字，都無法同時記牢。說得出「掃」字，立刻忘了「帚」；說得出「帚」字，又忘了「掃」。可見是標準的白癡一個。我心想，眼前那群啟智班學童，恐怕也不會笨到像槃特那樣無可救藥。不料，槃特最後不但也能開悟證到阿羅漢果，而且比其他一大群聰明的同修還要快速。

從這則故事裡，我領悟到一個寶貴和意外的啟示。就是人不可貌相，海水不可斗量，的確有真理存焉。學佛的人都明白天下的帝王將相、販夫走卒，或天才白癡、男女老少，都有一顆跟佛一般的心，也就是佛性具足，儘管他們的身體智能、健全與否不一樣。倘若他們有機會學佛法，照樣會開悟證道，跟佛弟子槃特一樣，會有美好和自在的生命。他們可以在善知識指引下，認識本來的清淨心，不理會別人譏笑與排斥，讓內心沒有自卑，而能坦誠平等地跟別人相處，無怨無恨過一輩子，甚至得到完全解脫，享有圓滿的生命。

記得有一位佛教徒請教台北縣無生道場的心道法師說：「世間的白癡、低能兒或精神病人等，到底是什麼原因造成？怎樣改善他們的業因呢？」

只聽心道法師答道：「佛弟子槃特開悟後，才明白自己的過去世，就是因為自私吝法，不肯說給別人聽，才得到這輩子癡呆的報應。所以，聰明人不要輕蔑和欺侮低能或殘障者，免得以後遭到低能殘障的業報。今生既然這樣不幸，那要怎樣改善呢？不妨由他們的親友用他的名字，去印經植福，或請法師說法，利益衆生，多做些覺悟旁人的事業。」

寫到此，我不禁想起日本有一位身體殘障的馳名畫家，曾經坦率透露：「透過繪畫的成就，的確可以肯定自己的能力智商，不會比健康人差，但也要有特別方法讓自己內心平衡，掃除殘缺的遺憾……。」他說得不錯，普天下的殘障人與低能人，好像完全與世隔絕，生活在極窄小的世界自生自滅。其實不必這樣，像槃特就是最好的例子，只要有善知識接引，讓他修習空觀，打破我執，和分別心；照樣可得般若智慧，遠離苦難，享有愉快的生活。

那天我要離開湖口療養院，胡兄送我到大門，握別時，忽然聽到他幽幽地說：

「面對這群青少年，要用特別的愛心、耐心和恆心……。」

我猛然醒悟：「愛心、耐心和恆心，不就是行菩薩道的基礎嗎？」

在晚風吹熠中，我不時讚嘆那幾位熱心奉獻啟智教育的善心人士，默默地實踐菩薩道，令人由衷地敬愛。

慚愧、懺悔、自在

近日我再讀那名竹聯幫殺手劉煥榮被執行以前的舊報紙，發覺最高法院基於他殺死五人，不符合減刑條例的要件，也審酌他素行不良、視人命如草芥，手段殘酷，所以仍判他死刑。之後，雖然有過民代、人權代表和律師替他請命，高喊刀下留人，結果仍然難逃一死。但是，他被押向刑場槍斃前，不停地高叫對不起國家和社會，只有自己的死，才能對得起死者家屬。據說他在獄中幾年，曾作畫義賣支援救難雛妓運動，和各類勸善教化活動。死前吩咐將眼角膜和腎臟捐出，當做移植手術。

由此看來，他曾由十惡不赦的冷面殺手，居然放下屠刀，變成一個十足的好人，堪稱由迷轉悟，浪子回頭。細看他悔改以前，的確有過一段徹底的深思，湧起「慚」與「愧」和懺悔，之後，才勇敢踏出心被境轉的愚痴陰影，挺起胸膛成了大好人。

當然，像他這樣罪孽深重的人，也能感受悔恨、慚愧，再進一步想到死者家屬，和死在自己手中的人，的確是件好事，也正是他能夠得救，由識轉智的主因。

佛陀說過兩種善法能夠救度衆生，一是慚，二是愧，而這兩者都是「羞恥心」。慚是自恥的罪惡，感到良心蒙羞，或羞恥為人；而愧是教別人不做惡事，也向別人吐露自己的罪業，更感到有恥於天。沒有慚愧心，不是人，是畜生之類。因為人有慚愧心，才能尊敬父母和師長，也能分別父母、兄弟和姊妹。這是佛學辭典對慚愧心的詮釋。

佛教非常重視慚愧，因為它是區別人畜的標誌，也是善惡的分水嶺。佛陀曾說智者有兩種，而其中一種是做惡後，懂得慚愧的人。所以，劉煥榮死前能起慚愧心，才會由識轉智，不失明理，令人擊掌。無如，他難逃世間法，誠如最高法院所說，不符合減刑條例的要件；只好自食惡果，償還死者的冤債了。

有些犯人身體被關在牢裡，而却有慚愧心，佛教就很讚嘆這種事實。因為一顆善心能破除百種罪惡。彷佛金剛石雖小，卻極堅硬，故能打破雄偉的須彌山；像微小的火種，也能燒毀整座森林；更似少許毒藥，也能毒害衆生一樣。所以，小善也當然能破除大惡。一個人即使作惡多端，只要有一天能不隱藏，而發心懺悔，他的罪業也會變得微薄，之後，再以慚愧心逐漸弱化下去。

難怪諸佛常常告誡世人：「有智者不要覆藏罪孽。」

佛教史上有一位阿闍世王，在王子時代，曾受到惡知識提婆達多的誘惑，竟敢殺害無辜的父王。幸好，他的一位良臣——耆婆，也是標準的善知識出面規勸他，讓他慢慢發起慚愧心，開始相信因果、業報。這樣一來，他才能免於恐懼和煩惱。

說真的，一個人作姦犯科，無異整個心被污化了。有些人一旦墮落到這種程度，會頑靈不化，永遠沈淪。相反地，也有些人會得到淨化的方法。那就是一種淸心方法，也是俗語說革心洗面。那麼要怎樣革心洗面呢？一種是慚愧，另一種是坦露。後者是把自己的罪業向別人告白或傾吐。

在常識上說，一味將罪惡隱藏在心底，日夜受良心的譴責，必定很痛苦。所謂不做虧心事，夜半敲門心不驚。整天難言杯弓蛇影裡，提心吊膽會好過嗎？

好像竹聯幫的劉煥榮，和佛教史上那位阿闍世王，後來都承認自己所犯的罪業，屬於下地獄的重罪，所以，起了深重的慚愧心，在意識裡強烈自責和懺悔。換句話說，他們的懺悔屬於慚愧心裡，那麼，就要透過懺悔，才能讓良知安寧。最後，才能掙脫出罪惡感的恐懼，而得到自在。

例如，劉煥榮在被押向刑場執行時，面無懼色，還很自在地向親友道別致意，高舉雙手叫喊「對不起國家和社會」。連執行的警察也稱讚，從來沒看過臨死還能這樣灑脫的死囚。那是他由慚愧，經過懺悔，才得到臨死不懼的自在。

記憶裡，我有一個印象到現在仍然非常深刻，它也給我很大的啟示。那就是三十年前，我有一位鄰居叫做吳老伯，年僅五十幾歲，就患病躺在床上。當時，我也不知道他到底得了什麼病，只聽家人說他躺在床上呻吟不止，但不是肉體的痛楚，只看他的嘴裡一直長吁短嘆，好像有難言苦衷。他的臉部始終被繃得緊緊，面色鐵青，直到他臨終前兩天才向妻子吐露一段往事。

原來，他有一次到新竹市的途中，目睹一輛摩托車撞倒一個李姓熟人。不料，那個騎士正是自己一位縣議員好友的兒子。當場除了自己，別無第三者。

後來，這場糾紛鬧上法庭，吳老伯受不住議員好友苦苦央求，終於替好友的兒子做偽證，硬說李姓熟人不是被摩托車撞倒，反而稱摩托車騎士好心載他去醫院。結果，好友的兒子獲釋，而那位被撞傷的熟人氣憤不過，回家後，傷勢漸趨嚴重，不到一個月就死了。臨死前，他還有不甘地詛咒吳老伯，將來一定不得好死，幹這樣沒良心的偽證……而吳老伯此後心裡果然難過，也十分後悔自己一時糊塗、踏下大錯。無奈，他又不敢跟任何人吐露，只將苦楚暗藏在心底。

如今自己命在旦夕，顯得更加難過，不斷遭到良心的責備，好像死去的李姓熟人，也一直在床前走來走去。於是，他思慮再三，終於將這段實情告訴妻子了。

聽說吳老伯吐露這段往事後，那天就不再呻吟了，臉部顯得緩和多了。他的家人看他睡得鬢自在，以為他的病情漸癒……。兩天後，吳老伯安祥地死去。

當然，以上幾個例子都很極端，統統因為殺人遭到自我譴責。放眼現在社會，許多表面上的好人，看是沒有殺人搶劫，但手腕高明，幹了不合法和傷天害理的勾當，卻被掩飾得天衣無縫，好像神不知，鬼不覺，甚至會以善人面孔出世，讓旁人的確看不出眞假，得以逍遙法外，欺世盜名。

不過，人可以聰明一時，絕不能糊塗一世，如果有幸遇到善知識，或某個契機，而讓自己突然覺悟前非，湧起慚愧心和懺悔心，真正善莫大焉，前世修來的功德。

事實上，有人犯罪後，無法淨化自己，那就得仰賴絕對者的力量來贖罪。例如阿闍世王殺了父王，也有幾位心地善良的臣子勸誘他，但一直無法讓他安心無憂。因為那些臣子都不是絕對者，說理說教不能令他心服，也敍述得不夠透徹和圓滿。幸虧在耆婆勸導下，戰戰兢兢去拜訪佛陀，總算遭到真理的絕對者，給他上了最得體、最有智慧的一課。

之後，他才真正心情寬鬆，得以逃出殺親之罪的恐懼控制。誠如他聽完佛陀的教誡後，語重心長地說：

「師尊啊！伊蘭樹滿身惡臭，而栴檀樹卻是芳香無比。以前，我只知種瓜得瓜，以為伊蘭樹的種子，只能萌出伊蘭樹。奇怪的是，如今伊蘭樹種也會長出栴檀樹。伊蘭種子好比我的肉體，而栴檀樹即是我內心所生的『無根信』。那麼，有信根必能衍生信仰。但，我的信根卻無法生信。無根是指我以前不懂尊敬如來，也不相信佛法和僧寶。如今，我完全相信佛、法和僧了。

倘若我沒有會見師尊，一定會墜入無量漫長的黑暗地獄，受盡苦楚。今生幸會如來，才讓我的煩惱消失。」

我想，這段話可做一般浪子回頭，歹徒放下屠刀後的肺腑之言，只要誠心悔改，佛陀也會見諒，而自己所得到的內心清淨與滿足，溢於言表，堪做世人的典範。

本來，人是理性動物，而良知即理性。佛教指出人的本性即理性，也是佛性。覺悟的智慧，屬於人類與生俱有的理性。但是，也要靠修行來強化智慧，才能消滅煩惱。

俗語說，誰能無過，聖賢也難免，而關鍵是走錯一步，要趕緊懺悔和慚愧。不要一錯再錯，成了累犯，即使回頭是岸，卻也成百年身，那時懊悔莫及。不但因果自負、業報難逃，恐怕永遠不能翻身……。

《毗尼母經第三》有一則說話，也非常讚嘆懺悔的功德，雖然針對修行人，強調守戒重要，不能因為破戒而壞了修行，但也提醒學佛的人別忽視懺悔在人生，自有非凡的功用。大意是這樣：

有一位禪那陀僧住在山林修行精進，信徒們見此都很護持。不料，他後來竟跟一名女人有了不正常關係。當他驚醒後，很懊悔自己的行為，便發瘋似地往村裡跑，同時高喊：「小偷、小偷。」

村民們問他：「小偷拿你什麼？」

禪那陀潸然淚下，實話實說，吐露自己的罪行。大家很同情他，建議他請教波奢聖者，怎樣清淨自己的罪行？

只聽聖者命人挖一個大洞穴，並點火燃燒。火勢兇猛時，聖者才偕他走到火坑旁邊，對禪那陀說：

「若要清淨罪行，必須往裡面跳。」

其實，聖者早已暗中吩咐其他僧衆，如果禪那陀真要往火坑跳，可要即時抓住他。不料，禪那陀毫不猶豫往火坑跳了，幸好被周圍的人捉住。此時，聖者才含笑對他說：

「你的罪業已經消失、身心也清淨了，繼續修行吧！」

再度清淨的禪那陀，之後發憤精進，終於證得阿羅漢果了。

這則說話再度證明慚愧、懺悔和自在是聯成一氣，而慚愧心才是生機復現，由迷轉悟的起點，值得重視和培育，學佛的人尤其要用來觀照自我和其他衆生，未嘗不是慈悲行之一。

一句偈語的新詮釋

我對禪門公案或有關禪話的書，讀得不太多，讀後也不太懂，總覺得它很玄妙，非我這樣駑劣的資質所能領悟。然而，百丈禪師那句「一日不作，一日不食」的偈語，卻給我很深刻的教誨。因為它淺顯易懂，也充滿感人的情操，更能在人類的生活上起作用。據說他說出那句偈語時，已經八十高齡，但他仍舊到田裡勞作，藉此落實禪的智慧。他認為人只有能工作，才能代表活著的定義。不工作即等於死亡，這樣無異萬事皆休，什麼也談不上。自他以後，禪門反而將打坐與讀經放在次要，而以工作為首要了。

在日本，禪僧習慣早晨四時起床，甚至過了夜晚十時仍在作業，而坐禪反而靠工作餘暇來落實了。可見工作在禪修裡何等重要。難怪有人說：「禪師很少有胖子，因為他們每天工作忙碌，累得半死，怎麼胖得起來？」

的確，他們不以為整天坐禪，就能輕易開悟，反而看重灑掃、洗濯、種植和托缽等。表面上看，後者好像跟開悟成佛、圓滿證道扯不上關係，殊不知禪宗的智慧卻不離這些雜事，其中自有一番禪味玄機，只要認真地做，仔細去品嚐，也不難如願以償。

在中國，達摩祖師的弟子——道信禪師手下，擁有五百多位弟子，到了弘忍大師時代，弟子人數超過一千，實在太多了。因為大家共同生活在僧堂，就得幹活和許多事務了。於是，他們分別擔任各項事務，同時認定那些行持作務，也跟坐禪的價值一樣，不可忽視。反正日常生活的一切作務，都屬於修行，而不是浪費時光。他們認為埋首於作務中，才能體悟真實的佛法，邁向精神的純化境界。不要傾向文字學問，生活正是道場，工作的價值絕對要重視，也是必須精進的項目，而不是敷衍的科目。

習慣上，我國寺廟的出家人傾向自給自足，生活資糧靠自己，而不完全靠信徒支援。所以，他們待在廟裡並非飽食終日，無所事事。相反地，修行之餘，也忙著做田園和雜務。佛法不離世間法，由此可見一斑，他們生活很踏實，很入世。

我從阿含經裡讀到佛陀向一名婆羅門農夫開示，自己的工作是弘法利生，也跟農夫們耕作一樣，只是方式、時間、地點和工具不同罷了。後來，我從佛陀傳裡發覺他的工作熱忱與態度，非比尋常，實在令人敬仰。因為從他開悟後，開始馬不停蹄到處弘法，接引了無數眾生，包括國王、大臣、奴隸、富豪、窮漢、妓女……直到自己躺在婆羅雙樹下圓寂為止，都在說法利生。站在工作者的立場上說，佛陀稱得上鞠躬盡瘁，至死方休。

不過，現代人的工作觀有了很大改變，不完全為了三餐，或為攢錢找樂子，反而想透過工作肯定自我，彰顯自我的重要。因為每種工作成績都能代表一種成就，可讓自己陶醉在成就感裡，而那種喜悅無疑是別人分享不到的，也是非常高尚和公平。在多元化的價值觀裡，只有犯法不能做，而其他各行各業的價值都能被肯定、被讚嘆！

我是個愛工作的人，因為我堅信勤能補拙，只盼努力作業來彌補自己不足的天資。我相信任何成就都如美國發明家愛迪生所說：「天份只佔百分之一，努力佔百分之九十九。」所以，有些朋友開玩笑問我：「看你像個大忙人，工作做個沒完，但你賺的錢不會比人多……」說得也是，我幾乎天天忙碌，很少放下筆桿，而微薄的稿酬只能溫飽，實在談不上發財。工作動機除了自認為愛迪生的信徒，也一味想透過勤勉的筆耕，證明自己是位翻譯家——譯過一千多萬字，出版了一百多本譯作；如醉如狂地為國人輸入新觀念和新思想，因為這是一份有意義的行業，值得我全心投入，和每天埋頭苦幹；那怕遭別人嘲笑，我也照樣執著沒錢可賺，被別人不屑一顧的工作。

還有，肯定工作價值，來彰顯自我的重要，也是很成熟的生活智慧。倒不一定限於壯年和青年，有些上了年紀的阿公阿婆，早就兒孫滿堂，不愁衣食了。但見他們有閒時閒情不去輕鬆，反而找機會自勞筋骨和肌膚，大大方方在花圃，或菜園裡進進出出，忙得不亦樂乎。好像得意在中國古代詩人所說：「採菊東籬下，悠然見南山」的情境。

例如不久前，我客居在楊梅鎮郊外兩個多月，鄰居一位老阿婆至少有七十歲，除了風雨的日子，每天早晨和黃昏，都頭戴一頂遭風吹雨打過的舊斗笠，腳上穿著雨鞋，手持圓鍬；有時還搬一張小椅子，來到我這間客寓門前的一塊菜園，自個兒除草、翻土和澆水，專心栽植十幾種青菜和豆瓜，才讓我每天一開門，就能觀賞到眼前一片綠色。說真的，我對那位老阿婆懷有一份感激之外，也有說不出的感動。因為她的作業也給我很深刻的啟示與教育……尤其，在一次週末黃昏，她坐在菜園收拾一堆剛剛拔起的空心菜，一條一條在整理，我剛好走近她身邊，側臉目睹她那滿足的樣子竟忍不住羨慕得很。我心想：「她不是陶醉在成就裡嗎？這一大堆空心菜足夠證明自己還沒老，很有價值。」

不過，世上有些現象也頗讓我困惑，因為有些人作風奇特，裝飾很漂亮，真看不出居心何在？例如，我曾有過多次接到對方的名片，仔細一瞧，突然暗叫一聲：「哇！名片上印有十幾個頭銜，我真不懂他是否投世人所好，想被稱讚是很有辦法，會做那麼多工作，絕非等閒之輩，還是另有企圖，不方便詳述呢？今天報載不乏政府官員到處兼職，有些居然有一百多個職務頭銜，令人更加匪夷所思，到底在證明自身的工作能力，捨我其誰？還是佔著毛坑不拉屎，純粹沽名釣譽，虛招一下？

工作要適才適職才算得體，倘若所用非所長，或長期霸佔職位，而表現不出應有的效率，也有失工作者的風範。譬如年老力衰，不肯交出棒子，妨礙世代交替，不是社會百姓之福，也完全違背工作的神聖與尊嚴。還有一群民意代表，好不容易坐在國會殿堂，或國代的席位，不到期滿，工作能耐也還沒有充份發揮，居然蠢蠢欲動，又要去競選百里侯，執意硬拚到底，怎麼也不肯退讓，真讓局外人疑惑極了。他們到底想凸彰自己的選舉聲勢非同小可，還是要證明工作才能出乎其類，拔乎其卒呢？不論為什麼，恐怕都難逃貪瞋癡在作祟。

日本人的工作狂舉世聞名，既沒有例假日，又不分晝夜在埋首作業，這樣不知適可而止，讓體力不支倒下去，甚至一命嗚呼，顯然違背工作的莊嚴意義，反而淪為愚痴，就不是佛教徒應有的工作觀了。相反地，留得青山在，不怕沒柴燒。先得珍惜身體，才能長期工作，才有機會享受作業的成就感，和自我的肯定。

國內一位著名的朱氏企業家說，家裡有足夠全家人吃一輩子的錢財，當然不去工作也不要緊，甚至每人每天花一萬元也不必蹙眉頭。但是，他仍以身作則，率領全家上下，在各個崗位表現自己的能力、價值和存在；不禁讓我十分敬佩他那不同凡響的工作態度，因為他真正領悟百丈禪師的偈語，甚至透過工作成就，進一步利益眾生，去追求更圓滿的菩薩行。

可嘆，有些國人的工作觀念質變了，一切以金錢掛帥，再卑劣可恥的勾當也不在乎，只要能發財就好，尤其，年輕人想錢想瘋了，完全不去深思那些工作有價值？有那些工作值得一輩子奉獻？他們不屑去評估工作的神聖價值，可讓生命發散絢爛的光輝，事實上，有些僅能溫飽，卻可以利益眾生，這種工作自有無限功德和豐富的價值，堪稱現代的菩薩行，幾乎都被世人忽視了。

但願學佛的人，能依這項標準重新考量自己的工作觀會不會太離譜？若是，當下要果敢地改弦更張，重新調整工作……。

名師出高徒

我是個武俠小說謎，早在小學生時代，家住在一間武俠租書店隔壁，課餘躲在那兒如醉如狂，飽讀各家的名作。所以，有關武俠書的諸般常識也非常豐富，但是，我卻發覺一件怪事，即名師出高徒，絕對錯不了。可是，天下名師不但行蹤飄忽，不易找尋，而且性格詭異，很難相處；武功愈好、脾氣愈怪，好像是江湖異人，武林豪傑的標誌。若想得到名師的賞識，完全靠機緣，也要隨他高興。否則，苦苦哀求也不管用。縱使自己天生是個練武的好材料，若得不到名師傳授絕招，光靠自己發憤苦練，終究是泛泛之輩，不能威震武林，成為大俠客。所以，名師對於學武的人實在太重要了。

另外，我也意識到名師對求學與學佛同樣不可忽視。在學期間，若能遇到良師指導，諄諄啟發，可以一輩子受用不盡。學佛遇到良師的開竅，也容易開悟，雖然不能立刻悟道成佛，至少能節省許多自己苦苦思慮的時光，像釋尊那樣無師自通的典型，到底非累積極深厚的善根不可。難怪許多學佛的人，總愛遊雲天下，參訪名師，旨在給自己很好的啟發，早日能夠開悟。

以我的經驗來說，也曾得過名師的指點，委實足慰我一輩子。例如四十年前，我還在新竹市讀中學，久仰新竹省中有一位教數學很出名的彭老師。因為他能用極簡易的方法解答複雜和艱深的數學題。那時，新竹市的中學生都嘖嘖讚嘆彭老師的數學才華。同時，也聽說該校畢業生投考大學甲組的錄取率頗高，原因多半得力於數學分數高。當然，大家都歸功彭老師的數學教導有方。

有一年，彭老師在新竹市北門街開辦一家補習班，我慕名參加，在彭老師指導下補了半年功課。果然，大學聯考後的數學成績，出乎意料的好，才讓我沒有嚐到落榜的苦惱。之後，我也明白名師的教誨真有一套，也真不可等閒視之。

上了大學後，六十年代初期，正逢以文星雜誌為舞台的中西文化論戰。主張西化論的一位大將——居浩然教授，成了那時文化界和教育界響叮噹的人物。尤其，大學文法學院的學生都很仰慕他的淵博學識，剛巧居教授正在法商學院教授我的社會思想史，蒙他授課之餘，也熱忱地談到中西文化的根本差異。更難得的是，在那白色恐怖時代，居然也聽得到他尖銳地批判當年思想教育的缺失。

畢業前夕，他侃侃地談到：「我對你們獨立思考的訓練下過很大功夫……因為我很同情你們……。」記得我一聽到「同情」兩字，好像自尊心受損，心裡極不舒服，暗忖有什麼值得同情呢？我順順利利大學畢業，不是功德圓滿了嗎？誰知不久到日本，接觸到真正自由思考的環境，始知居教授所謂同情，是因為在言論不自由時代，不敢言所欲言，其實我們從小學時代起，不但在自由思考的訓練上一片空白，那時的教材教法反而十足摧殘了我們的思考與批判能力，讀完大學仍舊逃不出思想箝制的框框，只知大聲喊×××萬歲和萬萬歲，那懂得去批判是非曲直，英明與平庸呢？我真感謝居教授當年冒著生命危險給我們多方開竅和啟發，只可惜我在那位亙師指導下，一直不是高徒，如今快到耳順之年，仍舊一事無成。回首前塵，不禁非常愧對亙師的教導……。

據我知道有些大學畢業生要出國留學，申請和選擇學校時，除了考量該校各種條件外，恐怕也不能忽視教授陣容，看看某科某系有無名師？以若干科目來說，所謂名師亙師，也許會以諾貝爾獎金的得主做標準，當然也不能完全這樣。至少可以參考。國人常說：「聽君一夕話，勝讀十年書」，好老師平時對學生的啟發、教誨和影響非常重要。尤其，古代師徒相傳，許多絕招或本宗衣缽，只有從師父身上得到，之後精進不已，才可能發揚與傳承本宗本派的光榮，甚至青出於藍而勝於藍，也屢有所聞。

禪門有兩則公案的智慧，可以象徵名師與高徒的關係非比尋常，也可比喻親子間的恩情，絕對不是等閒。

「大凡行腳（修行者）之人，須具有啐啄同時之眼，啐啄同時之用，方稱衲僧（禪僧）。」（《碧巖錄》第十六則）

意指母鳥在卵孵化時，卵殼中的小鳥用嘴巴會從內側敲開鳥殼，這個動作叫做「啐」。

而母鳥會同時在外側「啄」殼，互助合作，待鳥殼破了，才能讓新的生命誕生。

如果小鳥在內部敲殼而沒有母鳥幫助，這個小生命恐怕難以生存。反之，只有母鳥在外敲啄，而小鳥不努力行動，仍舊不能成功地孵化出小鳥。所以，小鳥的「啐」，與母鳥的「啄」，一定要互相配合，才有新生命出現。

站在學佛的觀點看，即使弟子的修行已到圓熟、快近悟道境界，若遇師父不給他悟道機緣，也不能成就最高的佛道。反之，不管師父怎樣勸勉弟子修行，甚至安排悟道機緣，如果弟子的造詣不到，或不肯努力，照樣沒有辦法。只有師徒的意氣投合，默然成契，才會產生悟道機會。

再看另一則公案：

「母欲啄而子不得不啐。子欲啐而母不得不啄。」

這是指母親有意志表示，如果孩子也肯呼應，親子方能成為一體。這是鏡清和尚同樣在《碧巖錄》第十六則中的比喻。前者強調：「啐啄同時」，而後者主張：「啐啄之機」。

佛教徒都知道釋尊座下的人才輩出，其中最著名的是十大弟子。然而，他們也非一開始就肯追隨釋尊，而是知道當代許多修行人裡，擁有最高智慧，可以解決人生根本問題的，只有釋尊一人。例如舍利弗、目犍連、迦葉兄弟等，都是一時俊秀，早有極好的修行基礎，也都因為慧眼識良師，不肯錯過機緣，才紛紛放下自己原來的社會尊榮，心甘情願來投奔釋尊，直到證悟成就羅漢果為止。

《華嚴經》最精采的一段，應該算善財童子參訪五十三位善知識，讓他受益真多，也成為佛教史上的佳話，更成就《華嚴經》裡最感人肺腑的故事。

中國禪宗史上，有兩則名師高徒的記錄，最為膾炙人口，也讓後代的佛友們讚嘆不絕。

一則是安心的故事，有一位名叫神光的僧人，學識淵博，但他久仰「壁觀婆羅門」的達摩祖師不失為當代良師，才專程去拜訪。誰知達摩根本不理他，只知面壁默坐……。

神光逗留到深夜，落雪深達膝蓋了，只見他毅然掏出利刀自斷左臂，向祖師示誠，決心求禪道。結果，才蒙達摩祖師收為門下，改名為慧可。這是一則極感人的求道記錄，足證世間的名師良師真難逢，一旦碰上自然不能輕易放過，才是得知學道應有的態度。

古人說：「朝聞道，夕死可也。」這象徵兩層意思，一層表示求道人懷有求知若渴的熱忱，願意以生命換取智慧，也義無反顧。另一層也明示良師難求，即蒙良師諄諄開示，讓自己恍然大悟，死也值得了，真是一句優美的話。

另一則是六祖惠能大師，知遇於五祖弘忍大師，也是名師高徒，相得益彰，成了中國佛教界一段很動人的軼事。許多佛友們稱讚惠能大師是菩薩再世，不識字也能悟解《金剛經》，輕易地擊敗另一位傑出的神秀師兄，而得到五祖的衣缽真傳。之後，他到南方弘揚正法，讓徒眾趨之若鶩。他的聲望和成就，比起自己的師尊有過之無不及。

從佛教的觀點說，師徒相遇在黃梅山而後得以傳承五祖的正法，豈非三生有緣嗎？不論如何，名師高徒在人間有不尋常的意義？

國人現在的福報很好，不但佛書到處流通，得手容易，而且國內的東西南北各地，都有得道的高僧在接引衆生，只要肯熱心求法修道，都不難成就圓滿的佛果，證得最高境界，實在不該錯失良機，要早日去參訪。

利根鈍根不足議，但要不執著

由於升學主義的影響，學校教學都採用塡鴨式，即忽視學生的分析力和理解力，不培養觀察力與批判力，也更談不上創造性的啟發了。相反地，一味叫學生背誦記憶，時間久了會頭腦僵化，讓個性與潛力永遠埋沒。當然，這種教育徹底摧毀青年學子最活潑和朝氣的學習生機，禍害無窮。在學校，所謂成績甲等或優秀生，往往是那些背熟教材，不懂得舉一反三的學生，每逢考試也只知依樣畫葫蘆，一字不漏照抄默寫，這樣自然拿滿分。殊不知最後會把這群學生害慘的。

他們除了執著背書考試、其他什麼都不會，包括遇到問題怎樣分析解決？碰見缺失或困境，怎樣糾正與突破？其實，這些才是最應該在學校訓練和培養的能力。

近年來，國內出現一位大名鼎鼎的邱彰女律師。她既是一名聰明的女強人，也是很敢向傳統挑戰的知識份子。擁有令人羨慕的兩個美國著名大學的博士學位。當年，她也曾受過升學教育的毒害，直到去美國留學時才恍然察覺到。關於這一點，她有一段非常深動的描寫——

她說頭一回在國外考試，很努力地念了書，結果卻得零分。她不甘心地跑去問老師，幾乎把書本全背下來了，為什麼得零分？不料，老師給她頂一句很有意思的話，這也是最有價值的話。老師說：

「我不是問你書本講什麼？而是問你自己怎麼想？你要先把書看一遍，再想想書上講的對不對，如果能提出它講不對的理由，可能得最高分，或者說明書本為什麼對，也能得分；但若想都不想，只會抄書，就得零分……。」

於是，邱彰才體悟真正念書的方法，開始學習思考。這樣，她總算是位利根者，也生幸能去美國碰到那位好老師給她開竅、啟發她的潛力，培養她的創造能力……。

但是，美國教授那句話也一針見血，指出國內升學教育下的弊害，同時，勾劃出學校許多高材生那副德性了。

事實上，禪宗達摩祖師早就指出這種弊端了。他曾經對這種惡風大加韃伐、痛罵不已。世間所謂利根鈍根者，其實並非那樣值得艷羨，有時反而在造孽，害了自己。

有一次，有人問達摩祖師說：

「何者是利根、鈍根呢？」

達摩說：「不依師之教，由事來看法之人，名為利根；而由師之教來作解者，則名為鈍根。」

意思是，能力強的人，不必由老師指教，而靠自身所具備的智慧去看事實，就能夠知道什麼是真理。而智力遲鈍的人，還得由老師的講解來理解。

若完全接受事實，其中就有法，若不必靠別人指引，全依賴自己發現，就是利根的人。

達摩又說：「依師之言教聽法，也有利根和鈍根之別。聞師之言而不執著有，即不取不有；不執著於相，則不取無相；不執著於生，即不取無生。這就是利根的人。貪解取義，而放棄是非之見，乃為利根者解義。」

總之，利根的人不會執著一切事務，才是覺悟境界。

當然，目前只聽老師的講解，只想理解老師的義理，還算過得去；倘若執著邪見和歪理，就絕對不是利根者了。

佛教常說人的根性千差萬別，故有八萬四千法門，可讓自己任意從適宜的法門進入悟境。但總的來說，人的資質有利根鈍根兩類。白話叫做聰明愚笨，以我多年教學的經驗，獲悉這個事實絕對存在。不過，教育學上所謂智商高低，凡智商偏高叫做天才或聰明；智商偏低叫做白痴或愚笨。然而奇怪的是，世人的智力分配會呈常態，也就是天才白痴僅有極少數，而大多數人都相差無幾，所以，這是正常現象。大家大可不必心裡很艷羨誰，彼此彼此，這般而已。

說真的，學佛成就的大小似乎比較牽涉資質利鈍，反而跟個人的緣份、傲慢心和所知障的關係比較大。因為後者幾乎可以左右人能否傾向佛教？

早在佛陀時代，他座下有一位資質最鈍的弟子，名叫槃特。笨到幾乎可叫做白痴，難怪其他同修都瞧不起他。另一位很聰明的弟子叫耆婆，也是當代首屈一指的名醫；不消說，他理解佛教既迅速、又深入！奇怪得很，他的覺悟反而比槃特緩慢，甚至在槃特證果以後，被槃特幽了一點，才讓他愧疚自己不如對方。這個原因出在耆婆的傲慢心。可見利根不足傲，反而會害到自己。

再說佛陀時代有一大群外教徒，他們統統稱做外道，而最著名的是六師……富蘭那、末伽梨、阿耆多、迦旃延、珊闍耶、尼乾陀若提子。

其實，他們都很聰明，僅是一群利根之輩。可是，偏偏缺乏佛緣，趾高氣揚，自以為是，完全被所知障害慘，好不容易遇到佛陀出世，居然當面錯過機緣，最後還跟佛陀唱反調，無異自取其辱，自食惡果，徒讓後人嘆息而已。

平心而論，利根即是智商比較高，學習快速，理解力、分析力和悟力等都比人高一等，照理說學佛會如入佳境、輕易開悟。佛教史上，最好的實例是《六祖壇經》的主角—惠能大師。依照經典上說，他原本是個樵夫，一個大字不識，居然一聽《金剛經》就能悟解。之後，遠赴黃梅山投拜在五祖弘忍大師座下。隔不多久，也能輕易擊敗同修師兄——神秀，而且留下那些不朽的偈語：

「菩提本非樹，明鏡亦非台，本來無一物，何處惹塵埃。」

別看他貌不驚人，只會幹粗活，大部份時間都花在輾米和劈柴上面，卻有非凡的智慧，才得到五祖的衣缽，這不是最上利根是什麼呢？

根據佛教來說，人的資質利鈍是天生的，也是因果業報，實在勉強不來。所以個人既不必目中無人，也無須自怨自嘆。只要腳踏實地，依照高僧大德的開示去做，照樣開悟不會比別人慢，甚至成佛作祖，也不是妄想。因為佛經上再三強調：「人人皆有佛性」。我們與生俱有的潛力——佛性，其實跟佛陀和一群大德，並無分別，關鍵是肯不肯精進修行？會不會擇善固執？倘若答案都是否定，老實說，縱使佛陀再世來教誨也沒有用，因為一切要靠自己，師父只能引進門而已。

回頭再看國內教育對利根鈍根有什麼影響？升學主義的災害怎樣？原因何在？實在不容忽視。

聽說東北亞的韓國、日本、中國大陸和台灣一樣，社會上文憑掛帥，結果，升學主義都很盛行。我在台灣長大，也在台灣受過高等教育，所以，深知升學主義的嚴重弊害，真是罄竹難書，三天三夜也說不完。

表面上，升學主義原因出在教育，包括制度、教師、教材和教法，其實不是，而是出在一般人的觀念有偏差，也正是佛教所謂邪見邪思。因為政府機構和私人行號，不但要求文憑，還要評量那個學校畢業？公立或私立？甚至是國立或省立？而完全忽視個人的實力和其他四育（德智體群美五育裡，除了智育以外）成績。在社會一致要求下，包括家長、學校和學童的觀點也漸趨一致，都一窩蜂想進入最好學校了。

因為好學校畢業後，對自己一輩子生活和事業成敗關係很大。為了達到這個目的——進好學校，而好學校畢竟不多，僧多粥少，只有透過考試取材了。青年學子為了要擠進好學校，只有從最早期起，也許從幼稚園開始就補課，不但從此以後要長期用功，直到考完為止。還要機智地針對可能考到的內容，重點深入，甚至不惜一切去猜題、背誦和記憶，只要有答案，也要死背，根本不管理解與否，反正應付考試而已。

這樣一來，教育目標和政策等於白寫，每個學校作風也都朝向升學目標，所謂有志一同，一齊奮鬥，考進好學校，就是眼前教育界的真面貌。而全國上下於是形成很濃厚的升學主義的歪風了。

老實說，誰當教育部長都一樣，也不是教育制度、教材教法，學校和教師的罪業，而是國人的邪見，過份苛求文憑！忽視學力與四育成績。結果，一定傷害民族生機，和國家前途。眼前，社會治安每況愈下，還不是升學主義的後遺症，舉目難得找到五育（德智體群美）卓越的社會棟樑，反而較多無格、無情和無心的青年，紛紛從升學主義框架走出來。

那麼，這樣的社會風氣怎會轉好呢？利根鈍根都不能成就善知識，如此人間怎會不苦惱？不混亂呢？

怎樣開拓沒有死刑的淨土

前些日，我看到報上說，死刑的存廢問題，各界呈現兩個極端看法，我不禁非常感慨。

本來，關於這項問題，早在多年以前，有些先進國家的社會學者、法律學者與宗教界人士都有過熱烈的探討。結果，可說是見仁見智。但目的都想消除社會上的殺害事件，希望邁向真正的人間淨土，而且永遠沒有死刑。

據說目前歐洲已經廢除死刑，而美國也有若干州廢除死刑在兩次以上；日本由於部份知識份子確信死刑無效，但卻不能凝集成為全民意識，致使死刑雖然沒有廢除，卻也達到了緩和死刑的效果。照這麼說，日本事實上等於凍結了死刑，讓死刑虛有其表，而沒有充分落實下去。

在國內，這個問題所以引起爭論，完全出自竹聯幫那名冷面殺手——劉××被執行死刑以後，才引發熱烈的探討與反應。報上說，與會人士對這個問題表示正反兩種極端意見，可見死刑的廢除與否，雖然面對國內經濟突飛猛晉，也仍然沒那麼順利能夠得到專家們的共識，當然，也會像日本那樣還很難得凝成一種全民意識。

我聽到擁護死刑的人口口聲聲表示，若不能以牙還牙，執行死刑時，就不能告慰被害人在天之靈，也會剝奪被害人報復的權利，甚至失去了天理，這個世界還能和平嗎？

再聽那批不贊成死刑的人，也振振有辭地指出，以暴易暴終究是落伍的，不符合進步的時代潮流。例如，德國從前也有過亂世用重典的觀念，但經過研究，用重典彷彿吃痲藥，會愈用愈重，到最後死刑也沒法發揮嚇阻作用，結果，當然不能達到死刑存在的目的。不如廢除也罷！

報載一位謝姓立委到獄中見到劉××以後，發現他從頭到尾都在關懷別人，並勸他不用麻煩馬部長，認為只有自己死後才能得到諒解與寬恕，死前不用為他爭……他在牢裡是位大善人、一位牧師、也是位模範生。我們殺的是監所的模範生，而非冷面殺手……若把一個有用的人殺了，會讓受刑人覺得政府連一個改過遷善的好人都放不過，而激起負面作用。

這位謝姓立委的確說得很感性，而不像學者專家那樣冷靜在探討問題。當然，他只是表達個人意見，而不代表團體、省籍或政府的立場。他姑妄談之，我們姑妄聽之，亦無不可。

還有第三種意見是，建立一套緩和死刑的制度，以沖淡整個社會的報復觀念，降低暴戾之氣、邁向和諧社會。不消說，這是最好，也是最理想的目標，問題是，這種制度果能真正讓世人建立一個沒有死刑的淨土嗎？

我心想，答案不太可能……。

說真的，死刑存廢會涉及當地的文化水平、信仰、習俗、政治環境、立法動機和百姓對死刑的觀念等，若干複雜的社會因素，佛教不宜插手或干涉。然而，佛教始終強調做惡的人會有惡報，絕對難逃因果，而報應方式不一定是死刑，也很可能不在現世，因為學佛的人都心存輪迴觀念、與業報思想；知道身、口、意也會造業，統統都有果報，而且絲毫不爽。《法句經》上說：

「現世此處苦，死後他處苦，作諸惡業者，兩處俱受苦，現悲『我作惡』，墮惡趣更苦。」（十七）

再者，世間的怨恨絕對不能靠怨恨來平息，這樣只會冤冤相報，永無休止，有背佛教的慈悲原則。《法句經》也有一句偈語說：

「在於世界中，從非怨止怨，惟以忍止忍，此古聖常法。」

尤有進者，佛教最高招的處理是以德報怨，這可說是人間最神聖和最優美的德行，而不是一般凡夫能夠輕易做得到的。除非被害人的親人或家屬，能以超俗的寬大胸襟來寬恕對方，所以，這是平怨止恨最根本的方法，也是佛教最徹底的慈悲行之一。《法句經》有一首偈語說：

「仇敵害仇敵，怨家對怨家，若心向邪行，惡業最為大。」

我讀慈濟功德會證嚴法師的傳記時，有一段讓我非常感動的是，她提到出家數年以後，俗家的小弟弟在軍中被人失手打死了，母親傷心地來電話問她對這件事的處理意見。證嚴法師終於央求母親發揮以德報怨的慈悲，寬恕對方，原諒那位失誤者。結果，竟讓肇禍者的母親感動得放聲大哭，感動在場的許多人。

俗話說有其女，必有其母，證嚴法師母女倆都是偉大與慈悲的女菩薩，落實佛陀以德報怨的教誡，樹立佛教界崇高的典範。

凡是讀過《本生經》的人，都知道佛陀幾劫以前，修持菩薩行時，也有多次以德報怨的事跡，例如，對待貪瞋痴的提婆達多就是最典型的例子。只可惜提婆不聽不悔，最後才難逃惡報，這是他自作自受，怨不得誰了。

上述佛教對害人與被害人雙方心理的怨恨，懷抱一種最根本的消除法，但不堅持與反對死刑的存廢，充其量暗示冤冤相報，或以怨止怨都不是最周延與徹底的方法。

怎會看不開、放不下呢？

我在洛杉磯結識一位非常虔誠的陳姓佛教徒，據說他是淨空法師的皈依弟子，也曾有過好多次邀請法師到洛城講經弘法。

有一次，他透露淨空法師當年親口請教過章嘉活佛：「學佛到底能得到那些利益？」活佛聽了足足沈默十幾分鐘，之後，才很慎重回答：「只有看得破，放得下；如果畫蛇添足說出一大堆，我想那是騙人的。」

我聽到這裡，不禁暗忖：「連修行半輩子，已經有大成就的活佛，也只得到這幾個字？」我懷疑了好多年，直到有一天，我忽然想通了，別小看只有六個字「看得破，放得下」，事實上，極少人能夠學佛修持到這種地步。同時，我也發覺這是修行的評量表，它應該放在評量表的頂端，表示學佛修行的最高成就。學佛的人，不妨平實地依據這份評量表，給自己評分，好好督促自己，則善莫大焉。

再看一般佛書和佛學辭典給佛下的定義，不外是正知正覺者，或大徹大悟者……說真的，初學佛的人讀到此也未必能懂，即使繼續讀完所有的詳解，很可能愈來愈迷糊，簡直像讀哲學，或知識論，最後得到的印象，充其量把「佛」者，看成超人也，不可思議的存在也，能知過去未來者也……。

其實，用最淺顯易懂的話來說，佛也就是看得開，放得下的人。古往今來，許多非常卓越的修行人，包括高僧和大德，也都是能對世間和人生看得開、放得下，而不像芸芸衆生，一輩子沈迷在名譽、財富、感情和五欲裡打轉。原因是，衆生不明白這些名利與生命的本質，才執著不放，就是不悟的意思。

我剛讀佛陀傳時，發覺悉達多太子出家苦修六年，仍然不能開悟，直到以後在菩提樹下打坐，才恍然大悟。我心想，他到底悟到什麼呢？原來，他徹底領悟了因緣法。也許有些不明佛理的人懷疑因緣法有這麼重要嗎？否則，像悉達多太子那樣聰明，精通世間各種知識，居然苦修好久才領悟出來。說得也是，因緣和合的事實非常重要，如果不了解，就會執著。當然，也就看不破、放不下，以至成就不了佛道。

那麼，因緣法則是什麼呢？它能給我們什麼啟示呢？最簡單又最實際的解釋，因緣法就是有這個，才有那個；沒有那個，自然不可能有這個了。兩者有因緣才生，無因緣才滅，彼此相依相存，不能單獨存在。換句話說，天下事物不會無中生有，如同俗話說，無風不起浪。既然事實這樣，那就牽涉到無常和空性。

佛說一切因緣所生法，都是幻滅不定。那麼，我們就應該看開放下，不要迷惑世間各種好壞得失。因為那些都是幻象，不能永久。倘若一輩子在計較，患得患失，始終看不破，放不下，不就是大傻瓜嗎？如果領悟不出這個啟示，那就得怪自己太差勁。

凡是愛漂亮的女人，心裡要明白青春美貌很短暫。縱使現代人營養好，保養化妝的方法又很多，充其量也只能延長若干時日，而不可能使青春和美貌都能永駐，或特別放過你；如不承認這種無常觀，到頭來眼看美貌一天一天消失，青春也不再來，而變成人老珠黃，會忍不住慌張和悲傷起來。

據說伊利莎白泰勒結第八次婚，嫁給一名可以叫她媽媽的小丈夫，她為了要苦苦保住青春美貌，不讓自己老去，竟去做拉皮手術的美容。這讓我非常憐憫，也非常替她憂慮，不知她心裡接不接受無常觀念？倘若有一天，她發覺連世界上最高明的拉皮手術師和美容師也挽救不了自己衰弛的膚色，縱使花下再多錢也無能為力時，不知她能看得開，放得下嗎？如果都是「不」，那她鐵定會生不如死，日子一定哀傷極了。

說真的，每個人在生活上都難免遭遇許多不同的無常變化，包括環境、物質、職場、經濟和情緒、心理等方面的情況，倘若事先悟解因緣無常，和空性的佛教智慧，等到面對事實時，自然能以彈性，開闊和瀟脫的心態去適應，才比較能看開些、放下些，而不會被縛得死死，一直鑽牛角尖，愈想愈氣，這是何必呢？

不久前，聯合報的一位王小姐訪問我，如果家裡親人死了，怎樣用學佛心得去面對呢？我很讚嘆她，能夠老實提出這個最實際和直接觸及人生核心的問題，其實，這也是學佛的目的——了生脫死。記得我很簡單地答說，可用因緣與無常觀，因為這事佛經裡早有實證例子。如果不真正信受因緣或無常。的確，失去親人的哀慟很難解，而且會刻劃在心裡抹不掉，嚴重影響到活著的人，長期不快樂。如果修持無常或因緣的功力深厚也就比較能看得開，放得下了。

有人說三藏十二部，都是佛陀的方便教法，教人怎樣由識轉智，破迷起悟。所以，能不能看開和放下的關鍵；還是在自己能否懂得因緣和合的事實。不懂便會執著，便會困擾了。那麼，為何有那麼多人還在執迷呢？原因是，貪瞋癡懷疑等毒佔據他的心，而不懂這顆心也是生、住、異、滅。誠如靈鷲山的心道法師說：

「我們的心常常產生這四種變化，致使許多人也搞不清楚它在幹什麼、反反覆覆、顛顛倒倒。其實，所有事物現象，都是敗壞不安，靠不住的。」

既然世相如此，我就不明白為什麼有那麼多人，還對名利、感情、權勢……等看不開，放不下呢？最可悲者，有人對這些緊抓不放，死不瞑目。其心可憫，其情可悲！莫過於此。

省籍情結外一章

我的多年好友是台大哲學系的劉教授，不久前，曾在報紙寫文章，歡迎某位外省籍高官來地方當首長，不要老是待在中央，換來換去都不離宮廷圈，以致沒有機會跟鄉土老百姓溝通感情，好像活在深宮道院，簡直連五穀也快要分辨不出來，這不是好現象。不過，他那篇文章的主要旨趣，是強調那位外省籍首長，畢竟是吃台灣米長大，故宜熱愛這塊鄉土，不要像以前幾位歷史上的首長，一直忽視地方的政治生態，無心回饋這塊養他、育他的土地……。

而我仔細檢視全文的意思，發覺我那位好友的意見，也頗有不夠週延、不夠詳盡之處，才引起我寫這篇文章的動機。

老實說，我一向反對稱什麼本省人、外省人或山地人，我也聽不慣那些年輕人自稱籍貫在廣西、湖南、四川、上海……等地，而自己根本不曾去過的所在，這樣有何實質意義呢？同樣地，我的祖先也來自廣東省饒平縣，而且直到今天，全家成員也在講饒平話。以前，我也曾查閱過中國地圖，發覺饒平縣位於廣東省與福建省鄰處，離海岸不太遠，也許不很落後，但是，我不曾去過那裡。所以，我不認為自己是廣東省饒平縣人，充其量那個地方對我只有象徵性意義。

在現實生活上，籍貫或省籍對自己也談不上有正面或負面作用。然而，仍有許多人口口聲聲爭辯本省人或外省人，其心可誅，其心可疑。這樣，只會製造省籍糾紛，凸顯省籍情結，而對和諧的社會生活非常不妙。

依照我多年的經驗觀察，不論什麼國籍、省籍、族裔或種姓的人，都有好人和壞人，或善惡分類，而不可能統統屬於好人或壞人。我想，這是不容置疑的事實，也是我們最重要的認知。除此以外，其他差異委實不值得分別……譬如美國大都市有許多黑人，而黑人給予一般人的印象惡劣極了——骯髒、懶惰、貧窮、愚蠢、醜陋、犯罪……甚至這些指證也有統計與調查的根據，但話又說回來，我們也不能以偏概全，一竿打翻全船人。其中，當然有不髒不懶、不窮不笨、不醜不惡者。

十年前，我初到美國，曾住在洛杉磯的黑人區，也在那裡的中心區，即黑人最複雜之處，管理一家汽車旅館，每天都接觸不同階層的黑人房客。果然，我發覺其間也有些跟一般惡劣形象，頗不相稱的善良黑人，男女老少統統有……。

客觀上說，他們黑黝黝的肌膚，不怎麼美觀，但看久也習慣了，何況，人類最珍貴的價值不在那一點，應該在善良、自尊、有正見、憐憫心與慈悲心方面，而不能以世俗籠統的話——聰明、愚笨、髒亂、美醜等來判別高低，那是膚淺的、暫時的，也能透過後天努力糾正，而不是絕對不變與持久的。除非自暴自棄，作賤自己，哀莫大於心死，也只好自食惡果。

佛經上有一段內容很値得回憶，那是釋尊教誡一名婆羅門弟子的話——別以為婆羅門種姓，都會高人一等，資質優秀，事實上，其間也有壞人、笨蛋、流氓……。同樣地，印度社會裡最被人輕蔑的首陀羅種姓，其間亦不乏好人和聰明人。所以，世間對於人類的區分，還是以善惡為準才對。

我讀《六祖壇經》也發現獦獠出身的惠能大師，比起以正統中原人自居的漢族，也沒有什麼低劣。誠如他說，佛性沒有南北之分，同樣地，好人壞人也不是統統屬於某一族裔，某一省籍，某一性別，或某一地區。

既然如此，說句良心話，台灣的地方官吏也不一定要由那一省籍的人擔任，只要他是好人，有正知正見，明白因果，則可以不論省籍、族裔（閩南、客家或山地）、黨籍、性別，或身體肥瘦高矮怎樣？

另外，既然四十多年來，大家都吃台灣米長大，也共同在這塊土地上完成類似的價値觀、教育內涵和成長過程，理應本著感恩心、平等心、憐愛心回饋這個命運共同體，而不必你爭我奪，勾心鬥角才對。

至於怎樣當一個理想的地方官吏呢？我不禁想起《王法政論經》，佛陀給優塡王所說的幾項治國方法。只要誰能具足這些，誰就適合當台灣省主席，甚至做國家元首也足足有餘。

而何必拘泥黨派、省籍或族裔呢？

當年，在印度所謂國王，其實相當於現代的省長、縣市長或鄉鎮長罷了，談不上大規模與複雜的政情。所以，要把國家帶上軌道，讓百姓生活安樂，主要責任在國王或首長本身的修養與條件。那麼，佛陀教誡一位國王或首長，必須俱足怎樣的條件呢？

第一是恩養世間，懂得對百姓施恩，不推行苛政。救濟貧困、教育無知者、感化罪犯。因此，首長要能忍辱、寬容與仁慈。

第二是英勇俱足，遇到戰爭要英明勇敢，善用兵法，以攻心為上，屈敵之兵，不戰而勝才是最上策。

第三是善權方便，懂得方便善巧，不要拘泥不化，能接納反對意見，有能力勸服不好的意見，不讓它為害社會大衆。

第四是正受境界，只能得到應有的享受，切忌奢侈生活。要能與民同樂，以身作則，實踐正當的休閒生活。

第五是勤修善法，具有清淨高尚的信仰，皈依三寶。信仰不能基於政治與福報目的，而必須出自清淨的理念。

這段佛陀對行政首長的教誡，發表在兩千多年前的農牧社會；當時的政界、民情、教育或生活內容跟今天大不相同，也許有人懷疑時空差異懸殊，當初的教誡怎能要求現代人來實踐呢？事實不然，因為佛陀那五項教誨是合乎理智，也是基本的，可以放諸四海而皆準，任何地方的首長官吏都應該信受奉行。不論翻開那一册政治學課本，談到官吏或首長的必備條件，大概都不會脫離這幾項。我想，這是可以肯定，可以讚嘆的。

由此看來，今天的省籍情結與黨派紛爭未免無聊，未免淺俗，因為真正要爭的是，怎樣讓好人當政，迫壞人下台，而所謂好人者，就是有正思正知、明白因果、滿懷同情心、回饋心、平等心、慈悲心……而絕對不必執著什麼省籍、黨派、性別或族裔。

兩種打人不可相提並論

我先要表示，本文不是政治評論，我也沒有指桑罵槐，企圖人身攻擊。我只想站在學佛人的立場，以平常心看待下面兩件事情。

前不久，國內各報一定不曾漏載兩條令人驚訝的大消息。一條是國內大老邱創煥，在當選考試院長前，被一位不同黨派的張姓國代，迅速地摑了兩個巴掌。另一條是民進黨的許姓立委，用大哥大敲打執政黨鞭洪姓委員的頭部——這兩件事的共同特徵是動手打人，甚至用器物打人，而且，雙方都不是普通老百姓，而是民意代表，原因都有政治動機，也在衆目睽睽之下動手。這事的確有新聞性。

記得我初讀禪門公案，和禪的智慧等書時，也發現一種情況大吃一驚。原來，有些心懷慈悲的禪師，身、口、意的修行，快到爐火純靑，但是，他們也居然動手，或以器物打人，簡直令我難以置信。

我想，其他不明佛理的人聽到，也一定會納悶極了——到底怎麼回事呢？

根據《碧巖錄》上說，有一則「烏臼屈棒」的公案，正是這種實例之一。

且說某位修行僧，從定州和尚處來到烏臼和尚的道場。於是，烏臼問他：

「定州和尚的道場跟我這裡比較，大概不一樣吧？」

那位修行僧回答：

「沒有什麼不一樣。」

烏臼和尚聽了，就說：

「如果不會不同，就沒有必要來我這裡，快回去吧。」

他說完話，就打了他一下。之後，那位修行僧對這位相當於自己長輩的烏臼，侃侃地表示自己的意見。他說：

「若真有用棒的法眼，不妨見人就打吧。否則，就不可以隨便打人。」

烏臼聽了便說：

「今天總算發現了該打的傢伙。」

說完後，他又連打修行僧三棒。

的確，許多人對禪的理解一片空白，或沒有一點兒頭緒時，讀到這裡，當然不能悟出什麼禪機和智慧。

其實，我們從這裡可以得到若干啟示，那就是兩個長輩與晚輩的固定關係，照樣能夠打破烏臼和尚用棒棍打人的動機，是絕對善良，旨在接引晚輩的修行僧早些開悟。倘若只執著長輩與晚輩的僵硬規矩，不消說，那個修行僧很可能永遠不能開悟了。

當然，修行僧也是一位明白人，不會拘泥於挨打的不愉快。他反而虛心得很，沒有恨恨地離去。可見他還是可造之材，他的開悟也是意料中的事。

但是，當我們讀到上述國內那兩件打人案件，會不會連想到這則禪宗的智慧呢？能不能用禪的智慧，更圓滿地解說政治因素的打人舉止呢？我想，這是很值得嘗試的。若可以解釋，那麼，這兩件打人事件必能化解悶氣，怨心和仇視等情緒，同時，也可給整個社會與國家帶來祥和與幸福了。

問題的關鍵是，那兩位動手打人者，是否像修持功力頗高的烏臼禪師那樣呢？內心還存有多少「貪瞋痴慢疑」呢？如果完全沒有了，那麼，他一定滿懷慈悲，出手打人只是善巧方便，真正目的在督促對方趕快清醒，好好覺悟，別為貪私利而做美夢，免得誤人誤己。反過來說，若出手者為私欲而動了瞋怒，才忍不住出手一擊，也當然說不過去。總的來說，貪瞋痴慢疑在人心裡彌漫時，一舉一動，都可以非議，都要檢討。

這就是本文的結論，也是我要提供給國人的觀點，不妨從更深入的角度觀察打人的動機，而不必拘泥於動作。

倘若挨打的人，具有那位修行僧不輕易瞋怒，和謙虛的心態，那就表示挨打值得，可以開悟了。這樣一來，國人的福氣，也指日可待。

有時，我們觀察世間也一樣；如果太執著表相，而忽視因緣變化，也就容易患得患失，或看不開、放不下，結果，等於自尋苦惱，一天也難得清淨了。所以，學佛的目的，在於開智慧，惟有真智慧，才不會被自己綁得死死，也不會心被境轉，聽到別人怎麼說，自己立刻起某種感覺，而沒有一點兒主見，這就是愚痴了。

仇恨火種也會燎原

近來，我讀到報載很多性質類似，令人扼腕、悲痛和困惑的事情。有些是每天在世界各地頻頻發生，而有些屬於歷史悲劇……總之，那些都是因為當局或個人處理不當，紛紛採取自以為是的措施，其實，那種處理與措施都非常不智，也絕對不是根本解決的辦法，才不能一勞永逸，隨時都會再度爆發，變成人間的悲劇。

例如五百年前，哥倫布發現新大陸，殘殺了數不盡的印第安人；第二次世界大戰，希特勒厲行「種族清釐」，殺死六百萬猶太人；日本在中國、朝鮮和東南亞各國胡作非為──慰安婦、南京大屠殺、俘擄人體的實驗；在台灣，也有過二二八事變的歷史慘案；最近，在南非的黑白種族，流血不斷；波士尼亞的戰禍頻仍；以色列與巴解的和談陷入僵局；亞塞拜然與阿美尼亞的戰事又起；印度與喀什米亞邊境的人民，每天活在仇視與恐怖中；巴格達的海珊和伊北的庫爾族人明爭暗鬥；印度教徒與回教徒的相互放火；洛城的黑人爆亂……。

表面上看，諸如此類的事件，出自政治種族和宗教等原因，也是世人一直解決不了的棘手問題。但是，這些悲劇給予我們最大的警告與暗示是，仇恨的種子非同小可，別小看它是一股怨氣與瞋恨而已，殊不知有朝一日，當它萌芽成長，結出果實時，卻會赫然成為巨大的恐怖為害人間。而且，任誰也搬不動它，甚至要用更大的壓力來消滅，也萬萬不可能，包括大慈大悲的佛陀在內，也都對它無可奈何。

這時候，得由播種者來承受了。解鈴仍須繫鈴人，誰播下的種子，就該由誰來承擔了。

這種情狀即是佛教的因果自負，定業難轉也。

佛經有一則說話，令我不勝唏噓；而且，我也從那兒領悟一項智慧，即仇恨或宿怨，只能靠寬恕、憐憫和慈悲來淡化，否則，那怕只剩下一點兒火種，也會燒盡一片太平原野。那時，懊悔哀叫都來不及，只有天可憐見，自作自受罷了。例如《六度集經》第五有一段話，大意這樣：

有一天，舍衛國的王子來到迦毗羅衛國遊玩，竟被釋迦族人羞辱一番。他的內心氣恨得不得了，發誓以後非報此仇不可。後來，他當了國王，果然一連三次攻打迦毗羅衛國。以前兩次都無功而返，惟獨第三次攻打時，神通第一的目犍連有意出面攔阻。不料，被釋尊勸阻了。

目犍連好生著急和奇怪，佛一向大慈大悲，從來不會見死不救的，何況，自己的釋迦族馬上要亡國滅種，怎麼不出手解救呢？

誰知釋尊的答話，也是佛教的精髓，只可惜世人愚痴，一直苦勸不聽，永遠執迷不悟，才產生無窮的悲劇。

釋尊告誡目犍連說：

「那是釋迦族人的共業，你救不了他們。」

「那麼，我把釋迦族移到其他世界去，不就行了嗎？」目犍連急忙說。

「目犍連呵！不管你怎樣做，業報是不會失掉的。」釋尊用慨嘆的語氣說著。

「佛陀！神通力是無所不能的啊！」

「不錯，但若種下惡種，必有惡報顯現，這是誰也改變不了的……。」

顯然，佛也有不能夠的事，那就是業報不能轉了。

例如《生經第一》上說，早在久遠以前，曾經有一位富商，擁有無數的金銀財寶。有一次，一個女人向他買一顆大珍珠，不巧有一個漢子出雙倍價錢，將那顆大珍珠買去了。女人望見自己心愛的大珍珠被人買走，心有不甘，央求那個漢子轉讓。無奈，對方嚴詞拒絕她。這時，只聽她惡恨恨地發誓說：

「我苦苦央求你，你都不肯，令我羞愧極了。此恨讓我生生世世忘不了，一有機會我必定要報仇。」

果然，她後來出生為比丘尼，名字叫暴志。而買走珍珠的漢子，就是釋尊的前身。

有一天，暴志比丘尼用一個大木盆，暗藏在腹部，一口咬定是釋尊跟她私通，企圖陷害釋尊。幸好，後來真相大白，釋尊才安然無事。不過，當初一點兒瞋恨心，輾轉幾輩子，照樣發作出來，迫使釋尊尬尷一陣子。這何嘗不是業報難轉？

因此，我們得到的結論是，不結仇恨與怨憎的因，自然沒有那些果，當然，也無所謂報了。這才是根本消除仇恨與怨憎的方法。然而，世人卻偏愛以暴制暴，以牙還牙，殊不知這樣反而仇上加仇，恨上添恨，以至冤冤相報，永無安寧的日子。

這是佛教最反對的做法，原因是，佛陀的教誡跟這個完全相反，勿寧說，佛陀洞悉三世因果，深知業報可怕，才在《法句經》上說出兩首偈：

「在於世界中，從非怨止怨，唯以忍止怨，此古聖常法。」

「仇敵害仇敵，怨家對怨家，若心向邪行，惡業最為大。」

最令人不齒的，莫過於有些個人或政府，刻意掩飾過錯，死不承認，或輕描淡寫，推諉塞責，企圖騙人於一時，事實上，被害的個人或國民心裡，永遠保存仇恨怨憎的種子，直到時機到來，或因緣成熟，也很可能舊事重演，報仇雪恨了。世人豈可不慎重，不採用佛教的解決法門？

不久前，報載政府當局不但建造二二八事變的紀念碑，承認和惋惜有過這麼一件官民衝突的不幸史實，而且，聽說政府將聘請學者追述當年悲劇發生的原因、經過和結果，甚至想讓受害人得到平反，並擬撥款對受害人的家屬做象徵性補償。雖說政府是被迫採取這些措施，百般不願去檢討不幸的史實，至少也能讓受害人不滿意，也能接受，以至逐漸淡化，或消除他們內心的仇恨與憎怨，而政府也不失文明國家的風度，這樣，就能暫時療傷止痛，保持社會的和諧。

平心而論，我國政府總算明白寬恕、諒解、憐憫和慈悲，才是徹底解決仇恨與報復的方法了。相反地，日本政府對當年惡業竟欲蓋彌彰、愈描愈黑。結果，招致世人紛紛抨擊他們是侵略好戰之國，也是很難和平相處的民族。這是非常不明智的。

再看最近的情況，例如共產俄國分崩離析後不久，俄國百姓最痛恨當年的特務警察，有些受害人特地跑到那棟特務警察的建築物吐口水，來表示心頭之恨；還有些人把共產黨創始人列寧、史達林的遺像，踐踏於地上，以洩多年的怨氣，那怕他們都死了半個多世紀。

別小看仇恨與怨憎的種子很不起眼，眼前也許微不足道，大可不必放在心上，但它也蠻結實，俱足相當的生命力，只要得到適當成長的環境，例如，民主浪潮滔滔不絕，它照樣能夠迅速萌芽、成長？壯大和結果。於是，共產政府頃刻間跨台了，那怕他們有過長期的穩固基礎，和刻意打壓異議份子，也照樣得到報應，瓦解迅速。惡有惡報，中外皆然，誰也無力可以回天。

日本田畑書店社長石川次郎，說過一段很有良心的話，知道冤家宜解不宜結，做錯事要反省和思考，鑑往知來。他說：

「一個國家做錯事，廣大的人民也要負些責任。譬如十八年前，美軍在越南屠殺百姓，到了今天，大部份美國人都會反省到；可是，日本在第二次大戰後，只在口頭上勉強做些反省，事實上，日本不曾在各種事務上，為犯過的錯做深刻的反省與歉疚，這是不對的。」

像石川這種日本人，多少明白仇恨的種子，不可能默默地消失，除非造禍者坦誠認錯和道歉，才有可能淡化與消解。難怪今天亞洲人仍視日本為「披著民主外衣的侵略國」，而不能得到當地人的諒解與合作。

有人說「萬般皆是命，半點不由人」。然而，命者，因果業報也，絕對不是突然和偶然，有時隱約暗晦地存在，而不讓貪瞋痴的衆生那麼容易看見罷了。

最後，請奉行《法句經》一首佛誡：

「惡業未成熟，愚人思如蜜；惡業成熟時，愚人必受苦。」（之九）

留下錢財，不如留下智慧

四十多年前，我就聽過老年人經常嘆息，和責難世道衰微、人心不古。當時，我還不太明白他們的心境，到底古代人心和世道有多好呢？我實在無法理解。誰知時光迅速、歲月不饒人；如今的我，居然也到發感嘆的時候。尤其，目睹今天的社會亂象，才更意識到問題的嚴重性。據說東北亞如日本、中國大陸、韓國和台灣等地的情形最嚴重。

其所以如此，表面上看，人心太現實，功利心太強烈，犯罪層出不窮，都不離名利和色情，說來的確令老年人耽憂和嘆氣。但是，主要原因出在現代人缺乏真智慧，只知在病狀嚴重時，胡亂找藥醫，希望解決燃眉困境，這是不對的，也是治標而已。

真智慧是有正思正見，懂因果業報，領悟世間的無常。

本來，天下父母心，誰不愛護骨肉子女呢？現代人尤其愛做子女的孝子，不僅當子女的牛馬。想當年國內經濟還沒有起飛的時代，那家父母不胼手胝足，辛苦賺錢來教育子女，甚至有人掙得一份事業，也都不例外想把所有財產留給下一代。有時候，自己省吃儉用，而情願讓下一代過舒服享受的日子。例如，讓子女開賓士轎車、假日出國旅行。其實，這是非常不明智的。

依我看，與其把錢財留給子女，遠不如留給他們智慧。這樣，不論對子女或對社會都會有更大的益處。

說真的，父母親活了一輩子，一定明白世間邪不勝正，好人値得做，公理宜伸張，因果必存在，業報也不爽，世相非真實，萬物都無常……這些都是自己體驗得來的生活智慧。父母親若能將這份智慧留給下一代，遠比留下錢財好過千百萬倍。

記得台灣經營之神——王永慶，在一次回答某位記者問題：「你會把事業留給兒子嗎？」他沒有正面回答，卻很慎重地說出一句非常感人的話：「如果他沒有本事，我把巨大財產留給他，反而會害了他。」

我讀完後非常感動，可見王永慶也認為留下錢財給子女，也是有條件的，而且不一定必要。這使我想起星雲大師的話：「賺錢是福報，用錢是智慧。」讓子女輕易得到龐大的錢財，如果缺乏福報或智慧，最後的結局也不難意料的。

有一年報載南台灣的侯氏家族，子孫因為爭奪龐大的財產，竟讓老父的屍骨放在一邊，無人肯將他下葬。這件事足以諷刺一個事實，就是不留下智慧，只留下財產的結局。其實，侯家的後代在地方上都是有頭有臉、有財有勢、人丁旺盛，結果又如何呢？

我有一位鄰居生前也是相當富有的建築商，家有妻妾、子女四人。誰知他死前，曾悄悄地將一塊價値五千萬的土地過戶在愛妾的名義下。等到他嚥下最後一口氣，喪事料理完畢，妻的長子馬上要求分配那塊土地時，始知老父生前已經處理好了，而完全沒有他的份。這一來，長子氣得立刻上法庭控告。當然，也跟平時相處還算和諧的阿姨——父親的愛妾，翻臉成仇家，再也不叫她阿姨了。事過三年還沒有結束這場官司。追根究柢，出在那份土地遺產的分配不均。我在尋思，如果那位鄰居懂得生前用完，或處理妥善那塊地皮，一毛錢也不留下來。同時，若肯諄諄教誨下一代凡事靠自己，埋頭苦幹，好好做人處事等等生活智慧，不就沒有這場怨恨官司嗎？

佛法不離世間法，凡是做好人、做善事的生活體驗，也都不違背佛陀的教誡。例如拋棄不良嗜好、養成正常的生活習慣，都是修習智慧的德目，誠如《法句經》上說：

「奮勉常正念，淨行能克己，如法而生活，無逸善名增。」（廿四）

「奮勉不放逸，克己自調御，智者自作洲，不為洪水沒。」（廿五）

不說別的，父母親只須諄諄教誡這幾句簡單的內涵，就足夠子女一輩子生活受用，總比留下錢財給他強過許多倍。我要奉勸天下父母親，不必太執著非留下錢財下來不可。

也許有人說，現代的父母親比較聰明，會把辛苦賺的錢，用來教育子女，即使全都花在他們的教育費也值得，這是最穩當的投資，而無須留錢給他，免得他們以後不長進、好吃懶做……所以，才讓子女提前上幼稚園，請家教補習所有功課，包括學英文，彈鋼琴……直到考上理想大學或第一志願，金錢和心力不知用去多少？以為這樣可以功德圓滿，可能比留錢財給他更恰當……，其實未必正確，也未必圓滿妥善。

原因是，現代的教育缺失太多了，最明顯的是，在升學教育下，簡直犧牲了健康的訓練，和品德陶冶，遑論成為善知識；放眼今天多少成名的高官臣富，當年何嘗不是考試狀元與班上高材生，結果淪成「無格、無情、無心」的惡知識。他們對父母和社會沒有回饋心，自私自利，可見這樣也不是最好的投資了。

那麼，怎樣才能得到智慧呢？我引用一首《法句經》的偈語，讓學佛的人信受奉行：「心若不安定，又不了正法，信心不堅者，智慧不成就。」（三八）

所以，父母親留下智慧給下一代絕對不會錯，也一定比留下財產明智多了。

用出世的心，做入世的事

我在加州客居十幾年，直到前年冬末才回台灣探親訪友，到處逛逛，竟發現國內各方面的變化太大了。不說硬體建設煥然一新，高樓大厦，比比皆是；連政治生態，社會治安，飲食娛樂，甚至國人的思想觀念都有迅速的改變，彷彿到了別的國家，所見所聞都有些陌生感了。不過，我想這種社會變遷是難免的，也是時事所趨，擋也擋不住。

若站在佛教的立場說，這是國人的共業，有業因才有業果。佛經上也說：「菩薩畏因，衆生畏果」。只可惜國人都不理會業因業果的事實，整天忙著賺錢，對什麼因果都視若無睹，這絕對不是好事。

首先，我特別注意國人的觀念變化。

例如近年來，工商社會的新價值觀紛紛取代了舊想法，即使有些還有痕跡可尋，但也不起作用了。當然，執著所有舊社會的觀點，既不應該，也不可能，但憑良心說，我倒認為昔日有些觀念還很有價值，也絕對有信受奉行的必要。可惜，這些也被國人看成老古董了。尤其，年輕人不屑一顧，難怪有些老一輩的人嗟嘆：「時不我予，奈何！」我聽了也有些共鳴與同情。

其中之一是，現代人做事和就業態度非常短視，可說急功近利，而不似前人那樣重視個人抱負和理想，也缺乏一套周詳計劃，和按步實踐的耐力。最明顯的是，年輕人求職就業，一切向錢看，而不管其他因素，例如，個人的興趣、能力、性向等條件，當然也不計較那一行業有無價值和社會意義了。結果，有人浩嘆：「幹一行、怨一行。」這就是應得的果報。俗語說自食惡果者，當如是也。

我在中學時代，師長們常常引用孫中山先生那句膾炙人口的勸告：「青年要立志做大事，不要做大官。」因為孫先生目睹當時國人熱衷升官發財，榮祖耀宗，才會有感而發，目的在喚醒國人做大事，遠比做大官有意義、有價值；也是符合現代潮流的人生觀，豈可沈迷在幾千年來的錯誤觀念裡？

孫先生用心良苦，不論動機和觀點，都非常正確，也應該要奉行。

若依學佛的人解釋，做大事的前提，就是懷抱三種心——恒心、慈心和願心，而且，所謂大事並不是指現代人眼裡，富可敵國，或權勢顯赫，足可翻雲覆雨，天天上報，或日日做秀那種情狀。

淺顯地說，不論幹那一行業，只要當事人懷有這三種心，全力以赴，都是值得喝彩，值得鼓勵。只要不是作姦犯科，有利衆生的事業，不論性質與大小都不要緊。

事實上，人生與事業，彷彿最親密的伙伴；事業不但要陪伴自己一輩子，而自我也要透過事業成就，才能獲得尊嚴和肯定。兩者的密切程度，非同小可。誠如前人警告：「男人怕選錯行，女人怕選錯郎。」意思是，男人在就業前必須要三思，需要特別慎重，否則，後果非常嚴重，也許會變成人生的悲劇。

說得更坦率些，就業前要做宏觀的考量，既得評估自身的所有條件，也要兼顧事業本身的意義與社會價值，而不是有利可圖就好。只有這樣，才能讓自己安居樂業，一輩子幹得無怨無悔，也能表現自己的成就。

既然選定了行業，應該有始有終，除非不得已，或有特殊機緣，否則，不要三心二意，隨便更動。人的生命有限，扣除了許多無謂的時光，真正能放在事業上的日子極有限，那麼，若要有成就，豈可朝三暮四，或半途而廢？人不能老是在起跑線上來回呀！

日本人習慣終身職，凡事慎之於始，一旦選定之後，就要心甘情願幹一輩子。人生無常，說不定開始或開始不久，不待功成名就，生命很可能被無常擄走，那將是多麼遺憾。所以，一旦就業就要抱持不退轉心，埋頭苦幹下去。

佛教的不退轉心，除了含有精進的意義，也等於俗話的恆心。世間法強調有恆，自有相當的道理。我很看不慣美國人動不動更換職業，或跳槽，流動性極大，心境始終不安定，這樣對個人與社會都有傷害，不值得模仿。相較於日本人的終身職，無疑日本社會的職場供需比較正確和合理，也比較符合「有恆」的真諦。

我住在台灣時，曾為出版社譯過幾本名人傳，例如《梵谷傳》、《裴斯塔洛齊傳》、《柴可夫斯基傳》、《唐玄奘傳》……等，結果發現古今中外的偉人，不論從事那一行業，都是終身熱愛著它，甚至不怕犧牲生命，也不計較名利，只知全力以赴，直到蓋棺論定，才得到後人熱烈的尊敬。

例如，玄奘大師留學印度十九年，成就非凡，不論在印度或回國以後，都有很多機會可以改行當官，享受華榮富貴，但他不僅婉拒皇帝的邀請和寵愛，反而逃避都來不及。自始至終奉獻給自己心愛的事業——宏法利生，那種恆心、慈心與願心表現得淋漓盡致，讓當代和後代人都不禁由衷地敬佩。

其實，學佛證悟也不例外，一定要有恆心，不能急功近利，剛學不久，就想即身成佛，或者先學這一法門，不久又學另一法門，心猿意馬，絕對不會成就。應該要一門深入，持之有恆，才能受益。

至於迷戀神通貪圖速成，而不肯踏實修行，更是走火入魔，一定不能成佛。

除了恆心，也不能忽視慈心與願心，這是菩薩行動的落實。當然，人做任何事業都會先考慮自己，但也不能從頭到尾，或完完全全自私自利，也應該兼顧別人的存在，或社會的價值，才有意義。例如，波蘭籍的居禮夫人發現了化學新元素——鐳時，立刻表示：「這種知識屬於全人類，而不該由我來獨享。」

結果，她不像其他科學家那樣急著申請專利，熱衷財富，反而更努力於科學事業，願為普天下人謀福利，這不是真正科學工作者的範楷嗎？她終身奉獻一件自己認為值得做，而有意義的事業，也是以菩薩心腸——恆心、慈心與願心——做後盾，才不會被世間的八風—利、衰、毀、譽、稱、譏、苦、樂——吹動分毫。

《華嚴經》有一段話，可以凸顯慈願兩心的風貌。那就是：「我寧獨受如是衆苦，不令衆生墮於地獄。我當於地獄畜生閻羅王等險難之處，以身為質，救贖一切惡道衆生，令得解脫。」乍見下，好像在吹噓，不是普通人能夠做得到，僅有少數懷有菩薩心腸的罕見人物，可以把別人的利益置放在最高處，而存心讓自己受苦。說真的，我曾經這樣懷疑和納悶過了，但有一天，我讀到林淸玄居士一篇「惜緣」的故事，才恍然知曉婆娑世界，真有這樣三心俱足的活菩薩。

那是一位日本籍的鐵眼禪師，當然，自古以來，豈止一位鐵眼禪師俱足菩薩心腸？我只想舉出他的例子，說明世間不是財富、權勢和名望才值得追求？才能當做惟一事業？也非人人都很現實很勢力，只圖眼前、只顧自己，也非人人愛聞香氣，誤以為天下沒有逐臭之夫？其實，大家沒有注意到罷了。

且說這位鐵眼禪師是第一位發願刻日文版大藏經的人，為了籌募刻經的費用，他像乞丐一般沿門托缽，整整過了十年，他才募足了資金，準備開版。

這時不巧宇治川的河水氾濫，帶來嚴重的飢荒。禪師不忍見災民饑餓流離的慘狀，就把印經的所有資金，全部用來拯救災民了。

飢荒過後，禪師重新托缽募款，只是為了要印大藏經。

經過數年，再度籌足資金，要開版之前，適逢全國發生傳染病，又迫使他把所有的錢都用來救濟病苦的人了。

流行病過後，禪師第三度籌募印經的資金，又經過好多年，才把第一版日文大藏經印好，離他發願時起，整整過了二十年。

我讀完這篇短文後，真有無限的感動。要不是他有豐富的慈悲心和大願心，也不會去募款印大藏經，其間碰到兩次變故，也是慈心與願心的雙重實踐，反正他一生所作所為，絕不是要給當代人喝彩，而是默默地付出，無悔無怨幹自己認為應該做的事業，那怕沒錢可拿，沒名可得，照樣貫徹始終，前後費時二十年，難道這不是菩薩心——恆心、慈心、願心——的具體表現嗎？

從危機到轉機，從仿冒到創造

前陣子，美國政府擬將我國列入「三〇一」優先報復名單，消息傳來，頓使全國上下，包括總統、各級長官、國會議員和各地百姓們，全都忍不住非常緊張，頻頻開會，討論因應之道，直到立法院緊急通過相關法案，才勉強緩和了緊張，美國暫時把我國放入觀察國家，看看以後實行的績效來決定。如果績效不佳，仍會列入報復的黑名單內接受制裁。

老實說，事情所以會這樣，可說是報應，也是自食惡果。起因出在國人從來不尊重別人的「智慧財產權」，好像盜賊一樣，肆無忌憚竊取別人的辛苦創作，來圖謀暴利，才使對方吃盡苦頭。何況，美國也曾屢次相勸，和警告我們，無奈，國人根本聽不進去，甚至敷衍塞責。直到這次讓美國政府忍無可忍，大發脾氣，才使我們驚慌起來，而警覺到問題的嚴重性，立刻派員去商談，央求或強辯。無奈，對方再也不理會我們的舊調重彈，存心讓我們知道「敬酒不吃吃罰酒」的滋味……總的來說，這段因緣的真相如此，可見我們完全是自取其辱，不宜怪罪美國，理應先自己檢討才對。

不幸，有人嘆息國人委屈接受美國人的要求，無異屈服美國的壓力，不但有失尊嚴，也會影響我國知識的傳播與文明的進展，所以，硬說這是一項「不平等條約」。

這真是一項荒謬，和邪見。倣冒和竊取別人的智慧結晶，是真正的偷竊行為，非常不應該，如今他們據理力爭，我們怎能說被壓迫？受委屈？或不平等待遇呢？

那次震撼會使國內若干產業受到暫時的負面影響，也會讓相關的首長憂心，自然不在話下。然而冷靜一檢討，這次危機也未嘗不是轉機，也許正是國人應該徹底覺悟的機緣，讓我們藉此領悟凡事要自己想辦法，而一勞永逸的對策，在於靠自己全心投入研究創造，絕不能一直倣冒和竊盜。因為這樣決非文明國家的做法，也無法促進產業升級。

由於這個契機，國人應該發起慚愧心與精進心，才能脫胎換骨，成為名符其實的現代國家。

有人說，模仿是發明之母，開始模仿，逐漸改善，以至於完美，乃是很正常的管道或順序。如果長期間僅僅止於產品的模仿，既不能突破改進，也不能超越，更不能享受創造的喜悅，可說非常不圓滿，和不長進。

事實上，國人已經長期間仿效，陶醉在一種享受別人成果的樂趣裡，完全忘了那只是暫時方便！若不徹底消化它，將它變成自己的養份，壯大自身的創造能力，無疑甘心做下人，而永遠被囿在狹窄領域下苟安，看美國人的眼色過日子，何其可悲，何其可恥。但是，這絕對不是忍辱，而是作賤自己，或自暴自棄，因為中國人被證明有極出色的智力、能耐和資質，而為什麼願意永遠委屈求全呢？

佛教徒都知道慚愧心和精進心，不僅是學佛修行的必備條件，也是為人處世的兩大要訣。任何個人或國家都要互相依存；既有別人事先出點子，付出心血，發明了成品，讓我們長期模仿，我們要有感恩心與慚愧心，之後，才發揮精進心與勇猛心，追求更大的成就，利益衆生，才是學佛人應有的立場。

近日報載國內有一家年輕的科技公司，就是很不尋常的例子。他們先模仿，而後全力發展單一零組件——滾珠螺桿。竟在五年內闖出名堂，而成為世界級的關鍵零組件出口公司，其技術被國際工具機業者，認可為全球前三名。真正由模仿走到創新，而得到成功的實證。

寫到此，我想起禪門公案有一段智慧，可以給國人很好的啟示。那就是《無門關》裡一則公案，名叫：「俱胝竪指」。

因為工作常從模仿開始，但若一味模仿也不能得到真正受用，只有徹底了解他的想法，並將它變成自己的東西，才是最終目的。且看它的內容如下：

俱胝和尚凡有詰問，唯舉一指。後童子因外人問：「和尚說何法要。」童子亦竪指頭。胝聞，遂以刀斷其指，童子負痛號哭而去，胝復召之，童子迴首，胝卻竪起指，童子忽然領悟。（《無門關》第三則）

這段原文的白話譯解是：

俱胝和尚不管碰到誰問什麼問題，他都只是豎起一根手指。有一次，一位訪問者問俱胝的侍童說：

「你那位和尚說什麼禪法呢？」

因為那個侍童每次都看見俱胝和尚只舉起手指，什麼也沒說，所以，他就仿效和尚也豎起一根手指了。

俱胝聽說這件事情之後，就把侍童叫前來，用刀把他的手指砍掉了。侍童難耐痛楚，哭號而去時，俱胝和尚又呼喚侍童的名字，侍童不由得回頭一看，只見俱胝在他的面前豎起手指。侍童看了突然覺悟……。

讀完這段公案，不禁懷疑俱胝為什麼要切斷侍童的手指呢？還有侍童為什麼看到俱胝的一指，就會恍然大悟呢？

原來，那個侍童的一指，純粹在倣效俱胝和尚的做法。可惜，他只會模仿形式，只知表面上豎起一指，卻還沒有達到悟道的境界。換句話說，他既無心無意，也缺乏研究心與精進心，只執著在仿冒一指的動作，自己完全沒有創造性。所以，俱胝和尚當機立斷切斷他的手指，才讓侍童真正體會豎指的含意。

由於手指被切斷，痛苦一時，卻也讓他從模仿和執著表面動作中脫離出來。真正是因禍得福，跟危機即轉機有異曲同工之妙。其實，中國禪宗史上也有一段類似而感人的軼事。那就是禪宗二祖慧可造訪祖師時，苦苦央求安心，卻見不到達摩。結果，慧可立在雪中自斷手臂，以示誠懇，才得以感動了達摩祖師，成就了心願。

學佛的人知道我國很可能受到美國政府「三○一」法案的制裁與報復，應該不會人云亦云，以為受盡委屈，接受不平等待遇。相反地，應該以更客觀開闊的胸襟去理解這段因緣，之後，徹底反省和覺悟，並以慚愧心、精進心掙脫出仿冒的惡習，另尋自立生存的途徑。

臨濟和尚有一則語錄頗有意思，值得國人省思信受：

「赤肉團上有一無位真人，常從汝等諸人面門出入，未證據者看看！」（『臨濟錄』）

任何人體內都有佛性，不時從身體進進出出，如果尚未看到原來的佛性，不妨仔細瞧瞧。國人個個有佛性，也有最好的資質，何必妄自菲薄，不思振作，一味耽憂美國人的「三○一」法案呢？

圓滿的生活觀——重視出世間法

每次遇有親友好奇地問我：「美國的生活怎樣？」起先，我常常答說：「很好。」或回答：「總是這個樣子。」甚至也回答：「不怎麼樣。」表面上，這些答案算很窮盡，也很詳細了。而且，對方聽了也不再盤問下去了，顯然，他們都滿意我的回答吧！

但過了不久，我又覺得這樣回答，有失文明人的身份。原因是，到底現代人應該有不同的生活態度，不同的生活內涵或不同的人生觀才對。依學佛的人看來，世間的衆生不僅根性大不相同，生活價値也會見仁見智，對人生的要求也比較複雜，倘若簡單地答說：「很好」、「總是這個樣子」或「不怎麼樣」，未免有欠妥當，不夠詳盡。

有時，我在思索，「現在的社會環境變了，人的思想觀念也隨著改變，當然，每個人對生活的態度不盡相同，跟古代人的差異也就更大。」若說古代人，未免給人的感覺太久遠，光說二、三十年前，在我還在讀高中時代，每天上學帶便當，多麼希望飯菜裡有塊魚或肉，因為平時吃那些東西算奢侈，而今三餐看到魚肉，簡直要噁心，反而想吃新鮮沒有灑過農藥的蔬菜了。連飲食生活都起了一百八十度大改變，當然，人生的觀念也會改變。

再說現代的資訊四通八達，文明人都生活在資訊世界裡，世界各地的人，儘管族裔、膚色、文化類型、或信仰不同，也多少會藉著交流，而彼此影響著。最後，多少會讓自己原來的、世襲的或本地的生活態度受到衝擊，而後產生若干程度的改變了。在這種情況下，現代人對生活與人生的定義，一定也比較複雜，比較傾向多樣化。

社會學家和歷史學家告訴我們，人類雖然擁有好幾千年的生活史，但是，從產業革命以後，才讓人類的物質生活起了重大變化。當然，物質生活和生活方式改變，勢必也影響到人類思想、意念、知識、行為、價值……等精神與心理層面。尤其，最近五十年來，世局變遷特別迅速，據說不論巨變的質與量，可說遠超過過去好幾百年來變化總和。僅就觀念上說，現代人已經敏銳地受到世間的無常，知道無常即是放諸四海，經歷古今中外都不變的真理。殊不知這就是佛教的特質與智慧；在物質方面，脫離不了成、住、壞、空；心性方面難逃生、住、異、滅！在在證明無常與生活不可分離，緊緊相連著。

學佛的人對現代生活的解釋，應該不同凡響，而有更深一層的洞悉。至少他們懂得佛教有最高明的一招——出世間法。例如世間的現象，多采多姿，但卻不是實相，而是因緣和合，縱使不會稍縱即逝，也不可能永遠如此，這樣，會使學佛的人拋棄執著心。倘若生活上遇到問題，用世間常理與知識解說不究竟、不徹底時，也懂得用出世間法來詮釋，就不會拘泥俗套而困擾迷惑。這樣一來，日子自然會很愉快，而覺得有意義了。

所謂看得開，放得下，就是在這種心境下產生的。

我已經過了知天命的年歲，走過一段頗長的人生旅程，自認也經歷不少世間俗事，記得在某次初中同學會上，聽到一位同學憤恨不平，又似感嘆地說：

「『有恆為成功之本』雖然沒有錯，其實，我很認真做事半輩子，亦無不良嗜好，甚至生活習慣非常節儉，結果也沒有賺到錢，事業談不上很成功，可見有恆不見得能夠保證人一定成功呀……。」

這時，若用出世間法來解釋，就能得到圓滿的結論了。那就是因為他的前世有某種缺失，和不良的業報，才使他得不到成就，例如經商來說，雖然他幹得很賣力，可惜沒有福報，也不一定會賺錢……這樣詮釋不就比較透徹和周延了嗎？佛法不離世間法，佛教當然也重視有恆，但要加上福報，才能得到最大成就。否則，懶惰或有數不盡的壞習慣，以及不良嗜好，即使福報再大，也休想成功哩。

我每次上動物園，環視老虎、獅子、鳥兒……等一大群飛禽走獸，在籠子和鐵欄杆內吃喝拉撒或睡眠，一股巨大而強烈的感想便立刻湧上心頭：

「牠們的生活怎能跟我們人類相比呢？牠們始終停在生物學的原始活動上，人類可不一樣，人會創造文化、熱愛思想、宗教寄托……。」

我一面沈思，但也一面嘆息國人的文化生活多麼貧乏、宗教的渴求太不精進，不愛追求更高層次。結果，這種生活境界又比眼前的動物高明多少呢？當然，人要肯精進，不拘泥現狀，日日求進步，才可能有突破的成果。否則，這跟動物園的生活有何差異呢？所以，我想起一句佛經偈語，非常有啟示價值：「唯求住淨樂，不攝護諸根，飲食不知量，懈惰不精進，彼實為魔服，如風吹弱樹。」

顯然，這不是佛教徒的生活態度，太沒有價值了。

在知解上，一般人還有很大的錯誤，以為呼吸一停，那個人就算一了百了，那怕他幹過再多罪孽，立有多少功德，也統統到此為止；所以，有人自怨自艾：「我縱使不能千古流芳，也要遺臭萬年，反正豹死留皮，人死留名嘛！管他好名壞名，只要留個名在，讓後人知道就夠啦。」這種想法大錯特錯，好名壞名，多少表示善業惡業，而佛教徒都知道萬般帶不走，只有業隨身。別以為斷了氣什麼都能一筆勾消，可以不必負責。事實可沒有那麼輕鬆，他還得承受果報哩。

人活著的時候，不要只看眼前，也要警覺生前與死後，因為生命呈輪體在轉動，而不是死了就算生命結束，死後的業還在打轉，可別那樣大意呀！

點滴不浪費

那年，在巴西舉行地球與環境保護的國際會議，據說各國元首，或資源部長都去參加。最後，獲得一項共識是，眼前的人類立足點——地球，遭受破壞的罪魁禍首，無疑是資本主義先進國家。他們貪財無厭，不惜濫伐森林、浪費石油、破壞各種天然資源……殊不知這些資源表面上好像儲藏豐富，倘若不珍惜活用，肆無忌憚地浪費下去，也終有用光的一天。那時，如果還沒有發明其他代替品，地球人即我們的子孫，豈非要遭到共業的果報嗎？追根究柢，真正起因來自人類的貪與痴。所以，世人豈可等閒視之，而不加反省嗎？

據我知道，有些美國人的生活頂浪費。例如，十年前我住在德州，適逢盛夏，天氣炎熱。幸好我住的公寓有完整的冷暖氣設備。奇怪的是，我每個月電費不足一百元，而隔壁一位美國老太太卻要繳比我多三倍的電費。其實，她的房間大小和間數跟我相同。

有一次，我好奇地走訪她的房間，竟發現房間裡同時打開冷暖氣。我不禁吃驚地問她，何必如此呢？誰知她若無其事地答道，冷氣一天開不停嫌冷時，乾脆再打開暖氣來中和，希望冷暖氣維持平衡……，我聽了立刻警覺她簡直大傻瓜一個，同時打開冷暖氣，不是絕對浪費嗎？若嫌冷氣開久會冷，不如暫時關掉，不是最佳的解決辦法嗎？

可見這位老太太心目中根本缺乏節省的念頭，既不懂節省電氣資源，也不懂得省錢，不知話從何說起呢。

再如街上的辦公大樓和每家店舖，規定要通霄明亮，不准熄燈，以策安全。近來，我每晚開車到洛杉磯附近，瞭望市中心，燈火通明，彷彿大白天，用電量多麼驚人，雖說他們有錢付電費，若從節省能源的觀點看，委實有缺失了。可惜這個先進國家的政策作風，令人匪夷所思，不知怎麼回事？使我一直很納悶。

依據我的理解，消費與浪費，雖僅一字之差，而意思絕對不相同。所謂消費，即是物盡其用，也要用到極限為止，而不能中途廢掉，否則就算浪費了。

日本明治時期，有一位頗有名氣的禪師，名叫滴水宜牧。這個名字跟他的修行，似有一段因緣。原來，滴水宜牧十九歲那年，雲遊到岡山縣菅源寺。有一天，寺裡輪到他燒熱水。於是，住持儀山和尚吩咐他說：

「水太熱啦，快去汲些冷水來。」

滴水宜牧若無其事地將剩餘半桶水倒在附近，然後又到井裡打一桶新的水來。不料，儀山和尚看了大喝一聲：「這副德性還能修行嗎？」

讀者也許會奇怪，儀山和尚未免太小氣，何必為一點點水大發脾氣呢？

本來，滴水宜牧心裡尋思剩下一點點水有什麼大不了？乾脆倒掉算啦。其實，他沒想到那一點點水照樣可以做有效應用，例如澆花草樹木，也能讓植物生長蓬勃。這樣，才是真正有效運用水的資源，絕對不浪費。

只聽儀山和尚教誡他：

「植物能活下去，我們才能活得下去。」

這才是儀山禪師大聲一喝的正解，也是佛教的生活智慧之一。滴水宜牧被他一聲大喝，才被人稱為滴水——一滴之水。從此，他埋頭精進，繼續修行。這是日本禪門公案之一——菅源一滴水——的一段因緣。

據說他臨死時，也留下這樣一首詩偈：

菅源一滴，七十餘年。

受用不盡，蓋天蓋地。喝。

顯然，菅源一滴水讓他養成不浪費的好習慣，終身受用不盡。才不禁吟出這句感恩的肺腑之言。

禪門修行一向非常嚴格，凡是行住坐臥，舉手投足都拿捏得極有分寸。生活習慣上，他們必須要將碗裡的飯吃得一粒不剩；也得將碗裡的湯或水，喝得一滴不留；雖然自己吃飽了，也絕不將食物殘留下來，自己心裡要先盤算好，如果會有剩餘，一開始就少裝一些嘛！

對於禪僧來說，節約物品也算修行，那不意味吝嗇，只表示對物品運用不能疏忽，不許浪費。

雖然，佛教不主張苦行，什麼都不必用，但也很反對浮華生活，食衣住行都要好。佛教強調中道生活，因為這種習慣裡含有惜物、惜福的意義。記得我在台灣福嚴精舍授課時，常在傍晚下課後，到餐廳用晚膳。不消說，桌上的湯菜全是素食。因為我平時在家裡沒有茹素習慣，偶而幾天素食別有韻味，但在心理上，卻感受不如吃葷那樣色香味美，有口福可享！可是，旁邊幾位法師們卻吃得非常專注，那種珍惜與感恩的表情，令我為之動容。有一次飯後，我聽住持性梵法師吐露一句話：

「有這種菜已經很豐盛啦！我早年那能吃到這種飯菜。」

目睹他那無限滿足與欣慰的臉色，我自嘆不如。

某報有過一則很有趣的教導，台塑王永慶董事長每回喝咖啡，都點滴不剩；而華隆企業的掌門人翁××，剛好相反，咖啡只喝一半就不再喝了。我不禁十分敬佩王董事長不愧為苦幹出身，又深知節儉好處，而不曾染上半點兒浪費惡習的企業家，實在很難得。

驀然回首，我會警覺自己至少有三分之二以上的歲月，生活在物質貧乏的時代。那時，食衣住行和娛樂，都因為受困於現實，而不能有充分享受。無如，那種生活也培養了我有不浪費與勤儉的習慣。放眼今天的奢侈浪費，我很看不慣。

例如，一件毫無破綻，連鈕子也不少一個的衣服，看起來還很新，只因屬於舊樣式，被人一手丟進廢物箱而面不改色；有些中等收入的男士，至少抱著一打領帶，我看了會嫌多，不用也等於浪費，何必要這樣？

像我幹這搖筆桿的行業，一年裡不知要寫掉多少稿紙？以前，我有一個壞習慣，只要寫了幾行出差錯，會毅然撕毀這張稿紙，雖然在洩氣，不幸養成了不惜物或浪費習性。有一次，我只帶一貼稿紙回到鄉下去住，因為文具店距離住處有一段山坡路，我懶得走路去買。眼看稿紙快寫完時，我有些焦急起來。由於心煩反而常常寫錯字，與句子。這時，我就警覺不要太隨便把一張僅寫了幾行的稿紙撕毀扔掉。我就把寫錯的部份剪掉，保留乾淨空白部份，用幾張來互相補貼，取長補短，另外組成完整的一張六百字稿紙了。結果，我那次剪貼和組合了十幾張稿紙，足夠讓我寫好幾篇文章。

從那次以後，我再也不隨便，大方地扔棄，或撕毀僅寫幾行字的稿紙了。我會習慣地剪去寫錯部份，把剩下的空白部份跟另外半張接合，而組成一頁新稿紙來寫字。雖然，前後一算，節省的稿紙不頂多，不過，那種節儉的習慣，我卻覺得很自傲，很滿意。暗喜自己有了廢物利用的美德，也不失為一樁好事。

我不時憶起清末曾國藩寫給晚輩的家書中，有一句話很有價值，可讓現代人反省，尤其，值得青少年們警惕。那是「由儉入奢易，由奢返儉難。」習慣浮華生活的年輕人，恐怕想像不到節儉與不浪費是怎樣一種表現呢？這也難怪，溫室長大的花朵，怎經得住外界的風吹雨打呢？

幾天前，台北縣靈泉寺惟覺老和尚開辦短期禪修班，計有台北市一百多位中小學校長上山受益。在結修檢討會上，一位興雅國小的宋校長很感慨地說：

「我們從吃飯時不剩一粒米飯，連殘渣也用開水吞下肚中，真正學到什麼是惜福……」

佛教的生活智慧，在日新月異的現代社會仍然那樣受愛戴、受歌頌，並非沒有道理。

學佛四步—信解行證

某天清晨，我走在楊梅鎮一條鬧街上，望見三位年輕男士，其中一位是外國人，都穿著體面，手持一張標牌站著，牌上寫：「耶穌回來世界上」、「世界需要耶穌」、「天國不遠啦」，當時，我忍不住尋思：「若沒有信仰，誰還好意思站在這兒？」我走過他們身邊時，特別注意他們的表情，只見每個人非常專注，呈現一種莊嚴自得的神情。於是，我走到那位外國男士面前，輕聲地用英語問道：「你從美國來的？」

「是的，不過我先到日本，再來台灣。」他顯得很高興，聽到我的英語說得還可以，立刻微笑地回答我了。

這時，我更加驚訝了。他居然千里迢迢到日本和台灣來舉牌站在街頭，不知此股勁兒打從那兒來的？後來，我仔細一想，猜想它一定來自內心，有一股無比虔誠的信仰，如醉如癡，才肯在異鄉的大太陽底下站了老半天，吸引無數行人的注目，滿足自己獻身給耶穌的願望，這股幹勁兒倒也令我感動。

佛經上說，一個漢子能在水面上行走，特地渡河到某村去聆聽佛法，村民問他怎會有這種本事呢？他答說，只要信心足夠，天下無難事，區區在水面上行走，有什麼稀奇呢？可見

「信」字能產生非同小可的事情。當真不可思議。

學佛不能打折扣，或半信半疑，免得浪費時間和生命。只有全心投入的「信」，相信人間不圓滿，僅是個堪忍的世界，深信佛教能夠救度衆生，自己活著有希望……。這種「信」是最值得，也必須要徹底，要落實。

平時，我不忘對初學佛的人說：「你們若要享受法喜，最大秘訣在『信受』。若沒有這兩個字，縱使讀完大藏經，也找不到法喜，遑論證悟成佛，簡直是妄想！做夢！」

一個人要賽跑，必須先會走路；再學快步、慢跑，接著才能疾跑比賽，直奔到終點；而抬腳起步，猶如學佛第一步的「信」字，在整個歷程上，有不可磨滅的貢獻。

大家知道人生是一片苦海，都渴求到彼岸去。但是，先要相信天地間惟有自己，才能救出自己；千萬不要期待「命運之神」、「上帝」、「天使」……等外來者出現，尤其，要信受佛陀的教誨，才會如願以償，因為那是諸佛以往走過的路！

《法句經》有一首偈說得極好：

「無信知無為，斷繫因永謝，棄捨於貪欲，真實無上士。」（九七）

「解」是指明白或理解佛陀的教誡，包括三寶的內涵及人生有煩惱。別看佛教不斷呼籲生命本身即是苦惱，輪迴來輪迴去，都得不到永遠幸福，彷佛在苦海飄泊的孤舟；不幸得很，偏偏有許多人不明白，因為貪瞋癡慢疑，忘了自身隱藏的佛性，而遲遲不去開發和充實。

結果，到了生命盡頭，才含恨而去。所以，「解」在學佛過程的重要性，也是舉足輕重。

當初，六祖惠能乍聞《金剛經》，即刻能夠開悟，算是古往今來最有大善根的人，殊不知他到黃梅山拜在五祖門下，也勤修「解」字。從他那些不朽的詩偈裡，凸顯他具足非凡的資質，也待充分理解佛的教義以後，才成佛作祖，開始廣度衆生。

我一向讀書有個壞習慣——不求甚解，迷迷糊糊，直到面對困難，才慌張起來，不能迎刃解破。結果一直沒有大成就，事後回憶和檢討，很可能受到升學主義的弊害。因為背誦和記憶的東西太多，來不及深入理解，才沒有養成追根究柢，徹底明白的好習慣，直到今天仍覺得是生平最大的憾事。

玄奘大師不辭艱險，千里迢迢去印度，目的也在求「解」，特地找尋善知識，解說經典上若干奧義。歷史上許多高僧大德，不見得都躲在深山或寺廟不出門，很勤於遊雲四海，到處參訪，求解開悟的秘訣。

有些人活了半輩子，歷盡無數生活的滄桑，明知人生是苦海，卻又苦於不能得渡，一直心被境轉，更加煩惱。他們才更需要生命的智慧；應該知道佛教有非常豐富的內涵，包括三法印、業報、因果和究竟涅槃。這樣，才能湧出生活的勇氣。

不幸，有些人苦惱之餘，跑去自殺，了斷寶貴的生命，原因也出難言自己實在「解」不開那個苦結；然而，他們又那裡明白自殺絕對解決不了苦惱的源頭，也不得解脫。生命有太多無明，要靠智慧來破解，而非古今哲學家、科學家的淵博學識所能解答。因為人生的根本苦惱，仍得仰賴佛法的圓滿解說——世間法與出世間法，才能究竟人生的來龍去脈。

關於「解」的工夫和重要，可從《法句經》的兩句教誡得到啟示：

「若人壽百歲，無慧無三昧，不如生一日，具慧修禪定。」（一一一）

「若人壽百歲，不見最上法，不如生一日，得見最上法。」（一一五）

現代人一向重視知解，尤其，讀書人對於信仰，絕不肯草草率率把心靈寄托在自己不徹底明白的教義上面，而成為很可笑的迷信者。其實，這也是佛教很排斥的愚痴態度。

信與解必須透過生活的實踐，才能得到受用與領悟。但是，不明佛理的人懷疑，學佛要實踐什麼呢？三藏十二部講一大堆教理，不知要從何處著手？其實，佛友們都聽過「衆善奉行，是諸佛教」，行善即是實踐的總綱要，也是修持的全部課程。那怕一點一滴，也不要忽視。《法句經》有一項教誡可以奉行：

「莫輕於小善！謂『我不招報』，須知滴水落，亦可滿水瓶，智者完其善，少許少許積。」（一二二）

佛說娑婆世界，就是一切都不夠圓滿，處處都很坎坷，人人怨聲四起。那麼，只有大家落實善業，才能莊嚴和改進這個苦惱世界。

現代人學佛最忌諱知識論，如果飽讀佛經，說得頭頭是道，而起心動念，行住坐臥，都不離男盜女娼，真是不學也罷，這樣對於消除苦惱絕對派不上用場。勿寧說，貫徹「行」字訣，才是學佛的重要指標，那就是看行與不行，或實踐多少，來決定自己受用多少，和快樂多少。所以，佛教的實踐是轉化身心的最大分水嶺。

生活上，有些芝麻小事般的惡念，表面上泛泛無奇，卻不符佛教的實踐原則，結果，一定會有惡報。我有一位鄰居很貪吃，三餐總會埋怨吃不好，其實旁人看來已經蠻豐盛，都擺滿四菜一湯和一大盤水果，久而久之，他的胃腸就吃壞了。更不該的是，他常說精神不愉快，消化一定會出問題，果然後來胃腸逐漸衰弱了。推測原因，顯然犯了口語戒，不肯實踐愛語所造成的後果。

佛教強調的「行」，是無所不包，無不能行，範圍太大了。

第四步是「證」，也就是個人的體驗，看看自己有沒有真正落實前述的信、解和行？如果答案非常肯定，那麼，自己必定有非凡的驗證，也就是受用不淺。有些人的善根極佳，又肯專心修行，以致有不可思議的效果。其中，最讓學佛人艷羨的，莫過於安然往生，直達西方淨土。關於這一點，不說我國古代淨土宗的大德，不乏修到這種功果，連現代人學佛也能證到理想的果位。

說得淺顯些，有人學佛後，貪瞋痴慢疑消除或轉化到相當程度，看他舉手投足，生活起居和言語表情，都跟凡人不一樣。遇到同樣的情況，別人會發怒，他卻無動於衷；別人破口大罵，他仍然溫和談話，覺得不必如此大動肝火……這也是體驗佛教的具體例子，不一定無疾而終，或溘然仙逝；更不是待死後燒得舍利子，才算證果成佛。

佛教所以跟哲學，或知識不同，最大的原因之一，就是自己能夠求證，看得出功果。例如佛陀成道之後，從菩提場起程，前往鹿野苑的途中，遇到一位外道修行人——優波迦，問佛陀道：「你從誰出家呢？令師是誰呀？你信仰什麼宗教？」佛陀很悠然地答道：

「我降伏一切，我了知一切。一切法無染，離棄於一切，滅欲得解脫，自證誰稱師？」

佛陀證悟後的自白，就是自己成佛的最好體驗了。

怎樣活用兩首偈語？

在師範時代，教育概論的老師說：「人要上學校，不只讀書識字，最重要的是，學習社會生活……。」如今我在社會上打滾半個世紀，愈回憶這句話，也愈覺得它的正確性。那麼，社會生活是什麼樣子呢？答案三天三夜也說不完，而且見仁見智，酸甜苦辣滿肚子；但總結來說，不外要聽數不完的好話和壞話，也要碰數不盡的好人和壞人，更要接觸不勝枚舉的難事和易事……。既然如此，那麼要怎樣對付這些呢？我先不談難事與易事，只想研究好話壞話，或好人壞人。

許多人常說：「碰人說人話，見鬼說鬼話」，或者「遇到好人要友善，碰上壞人要兇惡。」意指遇到好人或聽到好話，就要用善法，否則，就要用惡法，才不會吃虧。

我覺得奇怪，有些人偏偏反其道而行，或者不按牌理出牌，這是罕見的異數，也是非等閒人才能做得到。例如，我讀完《富蘭克林自傳》。這位十八世紀美國政治家、哲學家、外交家、科學家和作家，果然非比尋常，他說過兩句話讓我十分欽佩。

第一句是：「我一向只看別人的優點，從不看別人的缺點。」

第二句是：「要做出令人歌頌的事，要寫出值得留傳的書。」

可見他不但有知識、有經歷，也是非常有生活智慧的人。這兩句話很不好實踐，嘴巴說說倒很容易。

還有一位是我國不久前去世的俞大維先生，也有一套不同凡響的說話技術，和對人態度。國人也許只佩服他既有學問，又有事功，卻很少人知道他也有相當的德行。因為他死後火化時，赫然現出舍利子，國內高僧聖嚴法師讚揚說：「不一定吃齋修行，只要有德行也會出現舍利。」這證明他生前的確是一位佛教大德。

報載俞大維生前待人從不動怒，擔任各級長官，也從不對部屬吼叫，也不曾拍桌罵人，甚至連傷人自尊的重話也沒講過。另外，他也跟富蘭克林一樣，只重視他人的長處。他說：「只要深入去了解，任何單位都有人才，也都能發覺人才。」

像他做過許多單位主管，也都沒有自己的班底。在長年的官場生涯裡，難免聽到閒話中傷，他都不放在心上，而最被人稱道的是，他的用人有五法——找人大公無私，用對方的優點，信任部屬，不說話傷人，寬恕無心過失。

坦白說，用人不論怨親，一視同仁；對壞人不失望，反而看重他的優點，這是一種慈悲心與平等心；不計較別人閒話，屬於相當的忍辱行；勸人做好事、寫好書，也是很好的法布施、無畏施。這些修持很不簡單，但都很吻合佛理；因為深信人性本善，即是衆生的自性清淨，只說在自己愚痴瞋恨，不知醒悟。否則，人人都是可造之才，也都有成佛作祖的潛力。

《法句經》說得沒錯，請讀這兩首偈：

「不觀他人過，不觀作不作，但觀自身行，作也與未作。」（五十）

「攝護語忿怒，調優於語行。捨離語惡行，以語修善行。」（二三二）

學佛人別只誦讀這兩首偈，還要落實日常生活，才能受用，得到自在；凡聖的分際，無疑就在這一點。

《法華經》提到一位常不輕菩薩，即是釋尊的前身。當他修行菩薩道時，不僅誦經持咒而已。原來，他還實踐一項很特殊的修行，就是由衷地敬佩別人、讚嘆別人。例如，他逢人便嘖嘖稱讚：

「我非常尊敬你們，決不會瞧不起你們，因為你們都會修行菩薩道，將來也能成佛。」

乍聽下，簡直豈有此理，這不是挖苦人嗎？有些人聽了固然歡喜，起了鼓舞心，開始實行善道，朝暮希望努力，但大多數人認為這是應酬話，無聊虛偽，於是，沈著臉罵他：

「你是那兒來的傻瓜？怎麼口口聲聲說我們會成佛，都有成佛的本性？存心胡扯嘛！」

話雖如此，他也不以為苦，反而對大家抱著更大信心與慈悲，藉這為逆增上緣來鞭策自己邁向菩薩道。

幾十年如一日，眼見對他反感的人愈來愈多。例如，有人看見他便罵、吐口水，甚至拿竹杖毆打他、用石頭丟他，無如，他既不反抗、也不生氣；既不失望、也不逃避；只會更大聲疾呼，發出慈悲的心聲，來回答那些暴力份子。更難得的是，他嘴裡還說：「我仍然不會瞧不起你們，你們都會成佛。」

不論何時何地，他的態度不變。這一來，許多人果然動心了。每次遇見他，都會脫口叫他：「常不輕。」

可見他入世的態度是，慈悲平等、包容忍耐，直接鼓勵，讓對方先瞧得起自己，知曉自己有本事……。

反觀許多人動不動就擺架子、耍威勢、搞特權，而視別人為芻狗，一無用處；或開口閉口斥責部屬，自以為是，其實最後也沒有圓滿成功。星雲大師曾說：「每個人都有價值，有長處。」天生我材必有用，只看自己要不要去發掘、重視。

我怎樣面對「無常」呢？

在佛說「八大人覺經」裡，第一項覺悟是：

「世間無常，國土危脆；四大苦空，五陰無我；生滅變異，虛偽無主，心是惡源，形為罪藪，如是觀察，漸離生死。」

這段話啟示我們，凡有情的生命，都有生老病死；而無情的器界，也有成住壞空。反正有情無情都在不停地變化，也就是無常。

《楞嚴經》指出：「豈惟年變，亦兼月化，何值月化，兼又日遷，沈思諦觀，剎那剎那念念之間，不得停住。」這也可以證知時間難逃無常了。

既然天地萬物都不能永恆，我就忍不住想起學生時代，歷史老師譏笑古代的秦始皇，曾派徐福去扶桑三島找尋長生不老藥，企圖永遠不死，違背無常，真是顛倒妄想，執著愚癡。

倘若秦始皇能躲過無常，也就擁有不死的身軀，永遠當皇帝，那麼，之後還有什麼秦二世、三世……或漢朝劉邦、三國曹操，以至歷代的皇室興亡呢？既然成了萬世一宗，也不可能有今天的民主時代了，倘若中間沒有「無常」，像秦始皇那樣專橫霸道，擁有無限權勢，必然世代也都能做皇帝死不了，那就太沒有天理了。

所以，無常有絕對權威，能夠號令天地萬物；也非常公平，對世人平等看待，只是時間長短而已。我想，這就是無常的本質、偉大和不可思議的地方。

許多人一聽到無常，便心生無奈與沮喪；例如，一位異教徒朋友聽了反問我：「知道又能怎樣？」可見他不懂學佛與無常的關係。

只要認識佛理，面對無常，才會不憂不懼，只有警惕珍惜。那就是告誡自己每分每秒的生命裡，都有無常存在，自己該做的事完成了沒有？別讓無常一到，措手不及，連嘆息和準備時間都沒有，不就成了千古遺憾。所以，西洋人習慣生前在律師面前先立遺囑，吩咐後事，算是很明理，一點兒不忌諱，更無不吉祥感。

近年來，我體驗佛理愈深，也愈知無常跟隨我愈緊，每遇身體有疼痛不露痕跡，我就忙去看醫生，小心翼翼問他有無大害？要不要服藥？每次開車出門，在高速路上奔馳如風，只要有分秒失誤，就有無常來到，性命危險，豈可掉以輕心？每幹一件要緊的事，只要能一氣呵成，盡量如期完工，不想留到明天，誰知自己明天會怎樣？有時，我單獨在家燒開水，一發覺有點兒頭昏，便立刻關掉爐火，深怕自己倒下去，無人在場會造成火災。

總之，無常讓我分分秒秒都有死亡的心理準備，但是，我並不怕它，反而感激它讓我更能認識生命，更懂得生活。

從無常裡，我還能發現一種美感。因為我想，如果一個人、一個物體，或一隻動物，甚至一棵青草，永遠連續下去，沒有失去的日子，那是多麼枯燥無聊，和不合理；只有興亡交替，榮枯盛衰的變化，才會顯得天地之美，和生命之美。

不說別的，光說四季變化，也會讓人領悟無常帶來的美好。例如我住在南加州，氣候特別溫和，科羅拉多河的水，充分滋潤百花，讓院子裡花果四季都能盛開，好像從來不凋謝、不枯萎；初看時很鮮艷美觀，倘若一年看到尾都是不謝之花，就覺得不是真實而有生命的花，無異人工的塑膠花，看久了起厭倦，遠不如那些脆弱而有生命的植物花朵，至少無常襯托出它們的難得與可愛，這種花草才會讓人看了滿心歡喜，那怕它的生命極有限，甚至曇花一現，只會更令人讚嘆千載難逢，很想要先睹為快。

所以，我反而喜歡從前僑居東京那幾年，有機會看到真正的四季；有寒冷，有炎熱；有大雪紛飛，也有艷陽高照。櫻花暴出暴落，讓我真正領悟無常裡的美感比什麼都值得珍惜，而一點兒也畏懼它有什麼可怕。

既然無常是事實，佛陀指出它的存在，告誡佛弟子不要等閒。於是，我學佛後，便能信受、自在、欣賞和行持。我尤其從無常得到啟示和成熟，還想進一步領悟更多智慧……。

有人說，無常是生命的冷酷殺手，但也別忘了它有正面的價值，若不這樣，就沒有自在的生活，輕鬆的日子。

例如，我在美國居住十年，幹過的長期工、短期工，多得不計其數。有時只做了一天兩天，有時稍長到一週、一個月，或一年兩年，但都先後被老板炒鱿魚，才能深刻體驗到美國職場的「無常」實況。若非職場老將，實在不易描述無常後的無奈與悵惘。

記得每到週末領薪水時刻，都會心驚膽跳注意老闆的行蹤，惟恐他客客氣氣走前來，拍拍我的肩膀說：「辛苦你啦，謝謝你替公司做了不少事，請你明天不用來，這是你這一週的薪水。」誰都明白這張支票，表示你我不相欠，也停止以往的勞資關係。雖然彼此仍是朋友，殊不知全世界除了美國這個最先進的資本主義社會，其他任何地方恐怕都沒有如此露骨的「職場無常」相吧！

如今，我是個經驗豐富的過來人，但卻不在乎。只要無心，自然能解脫無常呀！

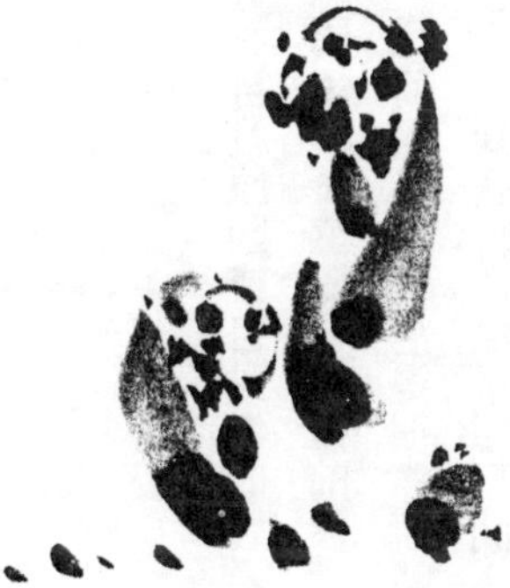

從自殺談到「死亡尊嚴」

國內經常報導自殺的消息，讓人早已見怪不怪，不太會對自殺原因或自殺者的姓名、身份、性別等表現太多關懷，充其量發出輕微嘆息，或起一絲同情與疑惑罷了。但前幾天，各報大字刊登中研院一名黃姓教授正值壯年，居然舉槍自盡，死前還喊：「活得很痛苦」，倒也震撼了學術界與教育界，尤其，引起若干宗教界人的疑惑：「到底有什麼事想不開？」

有道是，螞蟻尚且貪生，為何有人還要尋死呢？尤其，相信佛法的人不免嘆息：「傻瓜才要自殺，那樣不能解脫呀！」況且，《法句經》上也說：「得生人道難，生得壽終難。」凡有情衆生不知要修有多少輩子福德，才能出生人道，怎能輕易了卻生命，而且，還要痛苦地離去。結果，不僅犯了五戒之首——殺生（包括自殺），還要接受苦報。

國人一向敬愛讀書人，認為黃教授既然是電腦博士，當然是聰明人，怎麼那樣想不開呢？其實，從佛教的觀點說，黃教授缺乏智慧。因為知識跟智慧不同，知識只限於某方面的專長，不如智慧深遠浩翰，能夠完全洞悉生命的內涵。所以，世人一旦內心遇到困擾，縱使有淵博學識，和很大能耐，也無補於事。這時，只有真智慧才能幫他渡過難關，找到生命的淨土，活得自在。

細看黃教授既有美滿家庭，又有令人羨慕的高尚職業，照理說，經濟生活無憂，但他還說：「活得很痛苦。」顯然，他是因內心不能淨化，被瞋恨愚癡佔據；又因不能在人群淨化，處得不圓滿，缺少善知識疏導，看不到生命可愛莊嚴的另一面，才會尋死，而且選擇最沒有尊嚴的死亡方式——自殺。

《法句經》一首偈語說得沒錯，聰明人不見得會幸福，因為他未必懂得思考複雜的生命奧秘——「愚夭求知識，反而趨滅亡，損害其幸福，破碎其頭首。」（七十二）

所以，我惋惜黃教授生前沒有學佛，否則，以他的聰明學識，對佛理自會有一番領悟，不那麼容易讓心被境轉，身被欲使。至少生活上遇到挫折時，會退一步想，觀念上會轉個彎，明白眼前苦惱不算什麼，而不會鑽進牛角尖裡，動彈不能。其實，在那關鍵時刻，要知天堂地獄都在自己心裡。因為缺乏智慧，才會淪入地獄裡掙扎。

說得明白些，若在人間被憂傷所縛，又與人計較不能滿意，一直猜忌忿恨，充滿瞋癡，即是苦海地獄。倘若能忘卻人我是非，用廣大胸量包容一切，對人肯慷慨結緣，歡喜讚嘆，處處以慈悲待人，就是天堂淨土。

中外社會都在譴責自殺行為，把它看成逃避責任、辜負親友與社會的栽培，沒有善盡回饋的義務。輕易就離棄人間，無疑忘恩負義。但，很奇怪的是，只有日本人反而崇拜轟轟烈烈地自殺，用慘不忍睹的方式殺死自己，例如切腹，還要賦予一番意義。其實，再慘忍的自殺也解決不了眼前問題，只能反證自己的妄想愚癡罷了。所以，我對日本人這樣扭曲生命的謬論，對人生強詞奪理的詮釋，頗不以為然，即使他們的科技再發達，學術思想再進步，搬出任何美化自殺的藉口，都是無的放矢，不值一談。

現代社會進步了，有人喜歡找出許多理由向傳統的人生觀、價值觀、文化觀和道德觀挑戰，但有關生命的最根本問題，依然堅守原則——「活下去最要緊」，之後，還要提升「生活品質」和「死亡品質」，而在「死亡品質」裡，一定排除自殺，才是成熟進步的觀念，否則，就是邪知邪見。

英國名作家韓福瑞提到人死的尊嚴，不該有「無理性的自殺」，那就是精神沮喪、沈悶與壓抑等原因引起的，那是極要不得的愚蠢，偏偏黃教授這位聰明人，一時糊塗，幹了一件生命裡最不能挽救的笨事。

美國天普大學宗教系一位傅教授談到「死亡尊嚴」時，謹慎地提出人死前得有幾項理想條件，既很中肯，又極適合中國的人情味。那就是死前要能感到此生值得，問心無愧，又有安身立命之感；同時免於恐懼、悲嘆、絕望等負面的精神狀態，死得自然又無痛苦；最好是有親屬或友好在場照顧，給他感到安慰與溫暖。否則，起碼也要死得「像個樣子」，無苦無樂，心平氣和。倘若把傅教授這段話當做死亡尊嚴的最低標準，那麼，中研院的黃教授死得沒有尊嚴和不及格，也不在話下。因為他瞑目前說：「活得很痛苦」，其實他自殺又何嘗死得不苦？人生的悲哀，莫過於此。

佛經上說「生死事大」，遇到像死亡這樣重大的事，不但該有尊嚴，要帶著溫暖與慰藉而去，也要有豁達的胸襟。英國哲學家羅素在生死之際，這一點表露得非常得體。因為他生命垂危時，自信滿滿對身邊的親友們說：「我沒事，我從來沒感到這麼舒服過。」不但臨危不懼，反而有高度幽默，果然不是等閒之輩，竟敢把死亡看得這樣不在乎，當然也合乎「死亡尊嚴」的標準了。

再看幾位哲人的墓碑刻字，也能讓後人領悟他們生前對自己的死多麼灑脫，也相當有尊嚴。例如：

英國十九世紀末的文學家——史蒂文生，在墓碑上留下生前寫好的碑銘：「我活得愉快，死得歡樂；躺下去時，我心甘情願……我躺在自己心馳神往的地方，如同水手離開大海回故鄉。」

美國二十世紀名作家海明威，也在墓碑上有一句簡潔而動人的話，表示自己死得其所，躺得蠻好。那就是：

「恕我不再起來啦！」

雖然，他們都非佛教徒，卻能坦然面對死亡，無疑洞悉生老病死的自然律。就是該走就走，毫不留戀和執迷，才能如此自在。而像黃教授那樣痛苦自殺，不但自作自受，也無尊嚴、無智慧，徒令別人嘲笑罷了。

學佛的人都清楚高僧古德，面對死亡的態度更瀟灑從容，也是「死亡尊嚴」的典範。例如洞山的艮價禪師在集衆開示後，坐化而去。聽到弟子們悲號，又張眼復活，七天後以愚癡教訓徒弟，之後再端坐往生。德晉禪師吩咐弟子辦齋祭祀，在他享罷祭祀以後，怡然辭世。晉朝的性空禪師死前預知時至，坐在自製的木盆中，放在河面上，吹笛隨著水流，三天後，被人發現他居然坐化在沙灘上，一副自在貌。這群先賢們來去自在的示現，正是放下執著，隨緣而逝，比起痛苦自絕，死不瞑目的愚蠢作風，不知明智得多少萬倍！

佛教強調人間苦海，卻也反對自殺，又為了體恤衆生擺脫不了苦惱，才教以解脫的秘訣。從前，佛陀制定各種戒律，叫人持戒才能得到智慧。在諸戒裡，首先嚴禁教徒不能殺害任何有情衆生，包括不能自殺，教人殺和遣使殺等二十種。大乘佛教也非常闡揚生命的尊嚴，絕對不許動不動就去自殺。

《大智度論》上說，不論修有多少福德，都不如遵守不殺戒那樣深厚，其中也包括不自殺在內。可見佛陀制定殺戒。動機，也本著「慈愛與樂，悲愍拔苦」的精神。

佛教認為生固然不是真有，死也不是真滅；既然這樣，我們何妨對生對死都要自然自在，平等看待；稍遇苦惱，不表示死的時機已到，無論如何，自殺死既不是時機，也沒有尊嚴，根本不值得鼓勵。

友誼永在的秘訣

我讀中學時既不活躍，甚少知交，也不愛出去活動，多半餘閒待在家裡，直到高中畢業那年暑假，卻天天往外跑，四處訪親探友，連中、小學時代的同窗也去訪過，忽然活躍起來。家人很好奇，以為我發神經，其實是我悟解「在家靠父母，出外靠朋友」這句老話，心想男人以後總要面對現實社會，接觸各種人物，何不趁年輕時培養經驗，說不定那天跟好朋友共同創業呢？驀然回首，那是三十多年前的往事。其實，那時想法也沒錯，在講究人際關係的現代社會，豈能無友無伴過一輩子？總得有些知交玩伴，促膝而談。那麼，怎樣結交知己，免於濫交，就需要拿捏分寸，免得日後交上壞朋友，走入歧途，毀了自己。

我細讀《三國演義》後，發現到劉備根本是個庸才，文材武略都遠遜曹操和孫權，但是，他有一項特長卻遠勝過曹、孫兩人，才能以「人和」建造蜀漢，跟曹操佔天時、孫權佔地利，形成鼎立局勢。誰都知道劉備的「人和」裡，文有孔明輔佐，他的才智不知比劉備強過多少百倍！而武材有關，張、趙、黃、馬等五虎將，都有萬夫不當之勇。所以，每當劉備遇到急難，這群朋友都肯挺身出來設計定謀，粉身碎骨，成全他的生命事業。他自己也真正實踐「親賢臣，遠小人」的明訓，才有一番蓬勃發展的氣象。

再看滿清末年，孫中山先生四處飄泊，都有些國內外的好友支援。他最窮困時，也有人雪中送炭，竭力護著他，讓他再接再勵，結果才能締造民國。否則，自己一個人再能幹，再聰明也是孤掌難鳴，一定有些缺失，不能形成巨大聲勢，轟動熱烈。

佛教很強調廣結善緣，聚沙成塔，尤其，重視善知識和好朋友的效益。所以，佛教不失為很好的世間法，很務實有用。

星雲大師常說，自己當初來台灣，舉目無親，居無定所，兩手空空，非常艱苦。不久到宜蘭安定下來，結識慈莊、慈容、慈惠、心平等幾位徒衆，都是文武幹材，幾十年裡，甘心追隨大師吃苦創業，才有今天聞名於世的佛教王國——佛光山道場，難怪大師不時公開讚嘆自己身邊幸有一群徒衆輔助，都是好幫手，好處說不盡，才能助自己將佛法流佈世界五大洲，以償生平，弘法濟世的宿願。

還有慈濟功德會的證嚴法師更從苦修開始，之後實踐慈悲行，一則得力她的福報大，二則有不少賢人扶佐，直到今天的慈濟醫院、護專、綜合大學、出版業、社會公益和救濟活動等非常龐大的佛教事業，都要各類專才來推展，才能落實完成，而她每天單單接待各地的善男信女，向一批又一批的訪客開示，就夠她忙累了，又那能分身去籌劃督促其他事業呢？於是，所有大小業務自有一批善知識和傑出的專才來推動，結果衆星拱月，當然不在話下。

既然得力一群益友支持，那麼，又要怎樣讓他們永遠相伴、群策群力，成就偉大的事業，實踐自己的願心，奔向生命的顛峰呢？

我認為佛教有下列三種智慧可以活用：

一是珍惜善緣：三國時代的桃園三結義留下一句膾炙人口的話：「不能同年同日生，但願同年同日死。」可見他們手足情深，勝過父子妻兒。有道是有緣千里來相會，無緣對面不相識。既然碰見益友，也是三生有幸，應該惜緣惜情，不要過河拆橋，或一語不合，翻臉離去。

星雲大師身邊不知有多少本省的徒衆，但大師對他們慈悲接引，毫無省籍情結。所以，幾十年披肝瀝膽，同甘共苦地到處開闢人間淨土。還有慈濟功德會的會員遍佈海內外，不但熱心護持證嚴法師，他們私下也以師兄師姊相稱，彷彿一個大家庭，懂得惜緣合作，在師父的指引下，各就各位，奉獻時間、金錢和力量。外人看來，慈濟有一股堅強巨大的向心力，正是建立在「良緣」的共識上，穩定成長，逐一成就龐大的佛教事業。只有珍惜緣份，才有長遠的好友，和患難之交。

二是無我無私：無我即是破「我執」，能破我執，才會沒有私心。凡事不要把自身利益擺在第一，而把別人當芻狗。尤其遇到急難時，不能只顧自家的身命財產、家室幼小，而置別人於不顧。相反地，一定要先為對方著想，或以團體利益優先，再來考慮自己，才能得到人心，領袖群倫。例如《三國演義》上說，當趙子龍冒險救出阿斗，回到劉備面前謝罪，劉備不但沒有看到兒子平安，高興得把阿斗抱起來。他反而氣憤地將兒子阿斗丟在地上，大罵：「為你這個小孩子，差一點兒損失我一員大將。」這一來，慌得趙子龍再三泣拜：「我肝腦塗地也不能報效你了。」中國歷史上，許多朝代的始祖都出身草莽，身邊有無數好友同甘共苦，等到自己做了皇帝，立刻考慮怎樣建立萬世一系的王朝，先鞏固自身的權勢，而忘了同袍的血汗功勞，反而看他們為眼中釘，急著要除掉他們，這是自私自利和無情無義。

慈濟的證嚴法師當年正是以「無我」的信條，落實慈悲救濟。不收受信徒的供養，全靠自己做手工、種蔬菜謀生，而感動了無數徒衆和非佛教徒，純粹以無私忘我取信天下人。所以，她登高一呼，才讓許多人毫不猶豫地、心甘情願地捐出巨款，也出力出時間，在她的吩咐下，送愛心到大陸和非洲。無我是善行的基礎，別人的眼睛雪亮，若只空喊口號，自己暗地裡在享受，那麼，誰願意被騙，一直跟隨他呢？

三是「平等心」：俗話說有福同享，有難同當，就是平等心的詮釋。人要先空掉「我」，才能落實平等智。劉備當了皇帝，不但沒有忘掉昔日的益友，反而開口閉口稱關羽、張飛為弟弟，也稱趙子龍為四弟，而不會以天子自居，高高在上。因為他表現充分的平等心，始終跟患難朋友維持鞏固的友誼，果然在他死後，那群舊日伙伴照樣扶助他那個不成材的兒子——阿斗皇帝。

佛陀在教團的地位崇高，一言九鼎，但是，他的慈悲普及衆生，不分族裔、性別、職業、階級……都能蒙受他的法樂，這就是平等智慧的實踐。在日常生活上，佛陀也很平民化，不擺架子。例如他曾替一名弟子看病、幫病人洗淨身體、替他穿上衣服；佛陀也曾幫一名瞎眼比丘穿針引線，縫補衣服；也曾跟阿難一塊兒抬著酒醉的弟子回精舍。所以，當佛陀入涅槃的消息傳出來，能讓所有佛弟子和異教徒悲慟嘆息，失去一位尊師和偉人。

反之，如果結交惡友或損友，一定有無窮禍害，彷佛一條清水河流，被一條臭水溝或污水滲透進來，一定會把整條河的清水，污染成臭水髒河。連自清都做不到，可見交了惡友多麼可怕。

佛經上說，提婆達多嫉妒心強，不願見到佛陀的成就；不幸，又碰到一批狐群狗黨——俱伽梨、騫陀陀驃、迦留陀提舍、三文達多等人，不斷在旁慫恿，商談惡計，才讓他有恃無恐向佛陀挑戰，以致最後自食惡果，顯然是那群損友害了他。

今天報紙上說，桃園縣一名張姓商人，交了一個通緝犯，常回家住宿。不料，那個犯人朋友趁他不在家時，偷走他的現款，也綁架他的小孩，害他不斷懊悔：「引狼入室」。

《法句經》有一首好偈語，可供學佛的人永遠信受，也是放諸四海而皆準，值得大家奉行的座右銘。那是：

「莫與惡友交，莫友卑鄙者。應與善友交，應友高尚士。」

天才的追尋

心理學上說，天才跟白痴一樣，在統計上都位居極少數，屬於異常；但近年來，不知怎地，接近白痴的人，似乎愈來愈多，例如，痴呆老人、智障青少年。醫生們說，前者純屬病態，後者出自遺傳。我心想，這樣的比例持續下去，世間的前途恐怕愈來愈不樂觀了，真是可悲耶！

記憶裡，我親眼在日本電視上看過一名韓國神童，那年正逢加拿大舉行世界博覽會。韓國政府把他當寶貝送去展示，顯示國家的光榮。因為那名神童年僅四、五歲，就學會六國語言和文字。被抱在母親懷裡，伸手在黑板上寫出歪體形文字，也當場解答一位日本教授的數學題，據說是該年東京工業大學的入學考題。只見他迅速地以特殊算式寫出答案，立刻讓在場觀衆讚嘆和喝彩。

老實說，天才是人間的稀有動物，值得特別去教育，好讓他有朝一日在各方面有所突破，造福世界。

那麼，怎樣才算天才呢？天才的特徵是什麼？根據專家研究的結論說：「天才能看見別人見不到的。」說得沒錯，倘若他的觀點跟芸芸衆生略同，或不相上下，那還談什麼天才呢？

我不妨再舉哈佛大學霍華加納教授的話說，他在「創造心智」一書裡，綜合許多教育專家的意見，給天才的特徵下過很完整的結語——

愈是聰明的人，他腦子裡裝得下愈多要素，就像小孩玩樂透一樣，愈聰明的愈有辦法從概念、圖像，或一些看似不相干的象徵中，拚出許多新奇的組合，而智能差的，只好停留在初級階段。總之，他們擅長將心智形成的要素，如圖像、片語、片段或鬆散記憶、抽象概念、聲音、韻律完美地排列組合起來。

換句話說，天才有本領從亂成一堆，無以類比的物件中，迅速智慧地理出頭緒，也能對模稜兩可，或無法預知的思維有極大容忍力，也會勇敢地嘗試新玩意。寫到此為止，天才的特徵和本領可以凸顯出來，果然非比尋常，遠不是我們一批庸材的努力可以趕得上，那種天生的智力勉強不來，想要也要不到。

不過，我比較感興趣的是，到底天才特質來自何處呢?當然，大家的回答都一樣：應該在大腦。

目前，生理科學雖然進步，也只能解釋到某種程度，而且是預測性探索，不能算很肯定的答案。例如，加州大學一位神經科學家阿諾史伯博士坦率表示，現在惟一的線索是，聰明人有更多複雜，而有效的神經「高速公路網」，可供傳輸資訊。所以，天才會迅速將歧異圖像、思維與片語整合，他們的大腦彷佛光纖網路。例如，愛因斯坦的神經溝通性細胞，遠比十一位天才人的腦總和，還要多四倍。但是，世間最新知識對天才的研究成果，目前只到達這個程度。當然，這樣還不夠完善，不能令人滿意，也留下不少迷惑，就是為什麼有人這樣僥倖，出生為天才？而其他人都不能呢？除了腦神經的結論以外，難道沒有其他因果嗎？面對這些疑難，科學家們只能搖頭說：「我不知道。」

這樣一來，我不禁想起佛法的解釋了。

從佛教史看，佛陀是位智慧型人物，當然不在話下。其他像舍利弗、龍樹、無著和鳩摩羅什等大德，也是絕頂聰明，堪稱天才類型，倘若出生在今天，一定拿得到世界頂尖大學的博士學位。他們年輕就能鋒芒畢露，壓倒當代有學問的人，所以後來才有輝煌的成就，讓後代的佛教徒頂禮膜拜。

例如，舍利弗以智慧第一著稱，佛陀也曾作偈稱讚他：

「一切生靈的智慧，除了佛世尊，誰也不及舍利弗。」

舍利弗八歲時，不僅飽讀當時艱深的十八部經典，也完全了解內容意義。最膾炙人口的故事是，舍利弗八歲就能攀登高座，滔滔不絕駁倒當時著名的辯論師，讓國王非常歡喜，之後，送一個村落給他。同時，到處宣揚此事，竟使附近十六個大國和六個大城市，都派人來向他道賀。

當舍利弗跟好友目犍連歸依佛陀以後，只有半個月，當佛給長爪梵志說法時，舍利弗聽了就能證得阿羅漢果，這不是天才型的人物嗎？

再說禪宗的大翻譯家鳩摩羅什，也是罕見的天才。他生在天竺國。據說他還在母親胎裡時，就使母親的智慧與理解力，比平時增加幾倍。當鳩摩羅什七歲時，就跟隨師父讀經書，每天誦偈千首，每偈有三十二個字，共有三萬兩千言。每當師父淺釋旨義，他即刻能理解無礙，展現非凡的才能。

鳩摩羅什九歲時，拜當時學問最淵博的盤頭達多為師，深受器重。不久，被罽賓王請入王宮，跟外道辯論師一較長短。他每次話語一出，就讓對方的破綻顯露，啞口無言，結果讓他們心服口服了。

鳩摩羅什十二歲時，各國爭相以重禮聘請他，他都不為所動。雖然，他少年得志，也得到豐富供養，但他不斷閱讀外道仙的經典。例如精通《韋陀舍多論》、《四韋陀典》、《王明諸論》等書，也熟悉陰陽星算，推測一切吉凶禍福，都能應驗。

他二十歲在王宮受戒，跟隨名師學《十誦律》，之後又學《放光經》、《德女問經》，悟解大乘教理後，反讓昔日的師父驚服之餘，改稱他為大乘師了。

後來，他的學問不但震撼了西域諸國，每逢他說法，諸王都長跑在講座邊，而且聲望也傳到中國。不久，他果然到中國得到重用，譯了許多經論，名滿天下，徒衆有三千之多，對佛法東傳的貢獻很大。

上述兩位尊者當然是才子型或智慧型，也是天才無疑。世間法裡，天才屬於遺傳學的研究，在佛法恐怕要涉及個人的阿賴耶識了。講到阿賴耶識，就要談輪迴。所以，天才愚蠢跟個人的福報也有關係。

關於阿賴耶識的詳情，不是三言兩語能夠說清楚。不過，在我們一生裡，阿賴耶識繼續維持人的身心，等於生理與有機的基盤，也是輪迴的牽引者，會從現世持續到來世。在輪迴說裡，阿賴耶識扮演很重要的角色。

當然，不信佛法的人，阿賴耶識的業種解說對他失去意義，他只有聽憑現代醫學的詮釋了。學佛的人必然深信三世因果和輪迴，所以，想要超過醫學知識的範疇，去找尋天才產生的因緣，那就是跟他的前世有關，才有現世這樣異於尋常的腦神經，而列為世間的稀有動物——天才。

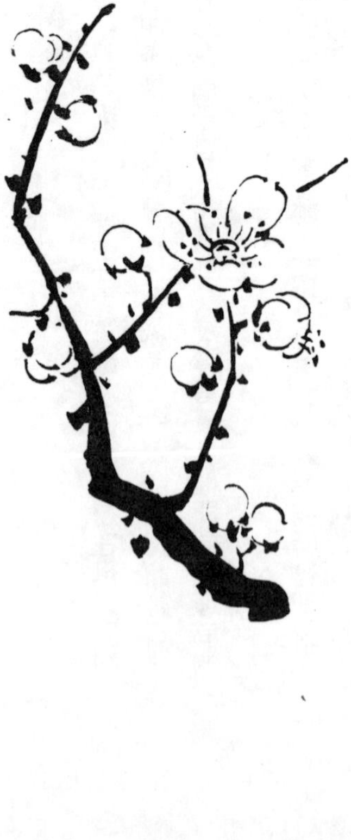

以戰止戰是愚癡

今天世界日報的大字標題，嚇我一大跳——以色列總理拉賓向巴勒斯坦游擊隊高呼：「以戰止戰」，他說以色列今天起要用飛機、大砲猛轟黎南村鎮和游擊隊基地，除此別無選擇。語氣咄咄逼人，顯然不理會國際社會的勸阻，一副以毒攻毒，非毀掉對方不可的報復心態。接著，我打開電視機，也看見黎巴嫩南部村鎮被炮火攻擊後，滿目蒼夷，斷坦殘牆的悽慘景象。

平時，我不曾注意拉賓總理的出身、作風和能力，光憑他口出此話，至少我不認為他有什麼政治智慧，也不是值得世人尊敬的政治家，因為他太昧於種族間和睦共存的秘訣，與平怨止恨的道理。就常識上說，用戰爭果然能完全停止戰爭嗎？此外也真的別無選擇嗎？只要熟讀歷史，都會指出這個答案絕對是否定的。

我沒有研究以、阿紛爭的歷史，也不太懂猶太教與基督教的內涵，倒是我有把握知曉這兩種宗教跟佛理絕對不同，光看他們爭戰不休的現實，他們的信仰跟佛教南轅北轍，境界也不可同日而語。

我記得上大一軍訓課時，一位上校教官說過一句話，我認為十分正確。那時，東西兩大陣營仍在冷戰巔峰，戰爭危機一觸即發，那位教官似用譏諷的口吻說：「除非雙方的領袖們瘋了。否則不應該打仗。因為打起來不會有贏家，不是兩敗俱傷，就是同歸於盡，完全失去戰爭的目的。打仗就是要贏，打贏不是戰場上的輸贏，而是要贏得真正的和平……。」直到今天我仍然同意他的話，也很敬佩他是個很有智慧的軍事家，可惜他只是上校教官，職卑言輕，不能主導大局，否則，他也一定會成為出色的政治家。

教官說得沒錯，雙方的人都死光了，到底誰贏了呢？這算是戰爭的目的嗎？真正的和平得到了嗎？坦白說，只有增添浩劫餘生者的新仇舊恨，真正應驗「長恨歌」裡一首名詩──「天長地久有時盡，此恨綿綿無絕期」，這是何苦呢？

假定以色列用高超戰術和精密武器，完全打敗了對方，也佔領了他們的土地，統治了幸存的百姓，可以幾十年相安無事，殊不知老百姓不願被異族統治時，敢怒不敢言，甚至唯唯諾諾，但也不能保證他們的子孫會忘記歷史的仇怨，五十年或一百年後，也很甘心被異族擺佈，而不會尋機報復嗎？最顯著的例證是，今天的波士尼亞內戰。

眼前，世界各國的媒體天天報導波國境內的無數悲慘鏡頭，讓人看了無限鼻酸和迷惑，為什麼共同生活半個世紀的兩個族群，會憎恨到要滅族的地步呢？這就要回溯到八百年前所種下的惡因了。因為十三世紀初，教皇英諾遜三世發起第四次十字軍東征，目的是收復聖地耶路撒冷，不料陰錯陽差，才侵入今天的波國。當時，敵軍進去姦淫燒殺，長達三天三夜，才會造成今天悲劇的原因。只要明白佛理，自然信受業因業果，自有報應，而絕不是無的放矢。

依我粗淺的知識，以、阿衝突的原因，起自信仰、土地和歷史怨恨，致使多年來雙方處於水火中，而沒有一天安寧。雖然，雙方各執一詞，但不論如何，以戰止戰是絕對行不通的。不僅如此，反而會增添仇恨，實屬最愚蠢的解決辦法。面對現實，惟一能和平共處，長期安樂的途徑，只有雙方奉行佛教的非暴力、友愛、慈悲、諒解、容忍、尊重生命、不自私、不逞強、不憎恨等智慧，此外別無他途。

佛教的立場是，不論什麼理由，都不贊成任何形式的暴力與殺生，也就是戰爭，何況是現代式戰爭。佛教絕對不贊成輝煌的勝利，即是正義的代表，而弱小的失敗，即是不義的意義。好像以色列的例子，不是能擊毀游擊隊，就表示正義正當，而對方為自取滅亡的暴徒，這樣解釋是錯誤的。

「以戰止戰」的策略，出自高昂的瞋恨心與高慢心，也是愚蠢的作法，不值得現代人採行，否則，等於走向回頭路。倘若拉賓總理相信佛法，他會採用完全不同的計劃。基本上，他清楚佛教的慈悲是，對待天下衆生，不論怨親的大原則。站在這個立場上，縱使迫不得已開戰，也不會想要以戰止戰，因為那是行不通的，也只是不得已的暫時手段。

佛陀在這方面有三項教示：

㈠「在於世界中，從非怨止怨，唯以忍止怨，此古聖常法。」

㈡「勝利生憎怨，敗者住苦惱。勝敗兩俱捨，和靜住安樂。」

㈢「以不忿勝忿，以善勝不善，以施勝慳吝，以實勝虛妄。」

在中外歷史上，最能領悟這套智慧的君主，首推紀元前三世左右的印度阿育王了。起先，他也跟其他所有好大喜功，服膺暴力的君王一樣，甚至有過之無不及，直到他征服迦陵迦國時，親眼目睹奸淫燒殺的殘酷，才豁然悟解自己昔日的錯誤，那次戰爭無疑成就他學佛的增上緣，之後，他的作風完全改了，當然，也信了佛法。所以，他會留下一句不朽的話：

「只有以德服人的勝利，才算最大的勝利。」

最可貴的是，他除了躬身奉行這句話，也諄諄教戒後代子孫，不要用戰爭征服別人，只許以佛教方法服人。他成為人類歷史上惟一放棄戰爭；而改用和平方式的征服者。

事實上，恐怕以色列人民未必都同意拉賓總理的口號，深信除了用戰爭殺害敵人，別無選擇，而多少會給對方商討妥協的餘地。

假定拉賓個人擁有絕大的主導權，何妨先去除若干貪瞋癡慢疑，奉行「十王法」的佛教，就不會這樣崇拜以戰止戰是惟一得到和平的方法了。

歷史上，除了今天波士尼亞內戰的例證，尚有數不完的相似史實，都能反證戰爭不能解決最根本的仇怨與憎恨。所以，第二次世界大戰後，像中國與錫蘭就非常有智慧地不用暴力回報，他們知道那不是徹底和平共存的手段，只有非暴力等佛教方式才是。

說真的，肇禍責任不能只歸罪一方，雙方都有責任，故要雙方有共識、有誠意來謀求共存，勿寧說先要雙方不要被邪見所誤導，而迷信武力的必然性。何妨有耐心地實踐非暴力的途徑。之前，雙方要冷靜反省真正敵人未必是對方，也許是自己。記得佛經上說：

「能克制自己，過於勝他人。若有克己者，常行自節制。」

不要總把對方看成眼中釘，調伏自己也很重要，而不必急於除去對方。

錢財與快樂

上個月回國探親，我讀到一篇有趣的報載，那是某國際學術團體的調查報告，指出亞洲諸國裡，菲律賓人生活比日本人快樂，結論說有錢不一定快樂……這段話給我很大的啟示，也出乎我的意外。

據我知道菲律賓的工商業不知比日本落後幾十年，充其量多方面名列開發中國家，物質享受遠在日本人之後，當然不在話下。今從最新的調查結果看來，日本人日常生活快樂反比不上菲國人，真是有意思的結論，同時，怎不令人疑惑：難道有錢不快樂嗎？因為日本人的收入所得，遠比菲國人民要高……。

若果調查結果屬實，那麽，我敢肯定菲國人的生活智慧比日本人成熟，精神領域也比日本人寬大，即使他們的衣食住行等享受不夠現代化，至少他們不會成為賺錢機器，也不受制於物質欲望。

總之來說，菲國人安身立命方面，遠比桃太郎高明多矣！

記憶裡，台灣著名漫畫家蔡志忠先生感慨地說過：

「從前人的人生目標是：『快樂、理想、健康。』而今天人們的人生目標是『金錢！金錢！還是金錢。』誠然，快樂、理想、健康可以換得金錢，但是，金錢絕對換不到快樂，理想和健康。」

真是一句有智慧的話，不愧能當選為全國十大傑出青年，成為時下青年人的範楷。

日本是全球最先進國家之一，照理說，日本人也有最新穎、最前進的生活目標，原來，他們活在世間，整天為賺錢，賺錢，還是賺錢，而且為賺錢，寧可過勞死去。相反地，比較落後地區的菲國人，觀念想法也不如日本人前進，才會停在「快樂、理想、健康」階段，試問那種人生目標才值得讚嘆，值得擊掌呢？

目前，台灣的生活享受跟日本人差不多，也是進步的工商社會。那麼，國人最新的人生目標，又何嘗不似蔡志忠所說：「金錢，金錢，還是金錢」？結果，國人快樂的平均點是否跟桃太郎在伯仲之間，而不如菲國人呢？我想，這個答案有可能。

有錢不一定快樂，世間能找得到旁證。例如，兩位富豪透露肺腑的話，頗能令人深思和反省。

報紙上說，全球首富不在最先進的美國、日本或西歐，而是遠在太平洋的汶萊蘇丹島，他的財產約有三百七十億美元，光是居住宮殿，就造了八億美元，不料，他常在朋友面前嘆氣：「我的錢多有何用？它沒有給我幸福。」原來，他會暈船，雖然擁有世間最豪華的遊艇，也不敢出海暢遊；他有二百五十輛最氣派的跑車，可惜，那裡條條道路通往叢林，缺乏夠長遠的大馬路；他也有波音七二七專機，但他只能在上空繞了一圈，因為汶萊只有一座機場可供這種飛機起降；而最令他頭痛的是，他的皇后和妃子一天到晚爭風吃醋，向他吵鬧不休，沒得安寧。

另一位是名叫波斯特的男人，五年前在美國賓州中了一千六百萬美元的樂透獎，狠狠地發了一筆大財。不料，這位老兄目前一點兒也不快樂，而且還破產了。

更糟糕的是，他的弟弟為了謀奪財產，居然狠心找殺手來暗算他。幸好事機不密，消息洩露，才讓警方救了他。

我發覺波斯特有一句話，可讓普天下做發財夢的人警惕，尤其，可讓國人更多思考。他說：

「每個人都愛做發財夢，但是，沒人知道那可能是場惡夢。……在中樂透獎以前，我對生活心滿意足。心裡既無壓力，也沒有憂愁。我那時有朋友，也有地方去玩。即使身上沒錢也可以做很多事。」

原來，波斯特不善理財，揮霍無度，一缺錢便拍賣個人的物品，落得如今下場，真是咎由自取。

不過，他自己倒也看開了，希望快些散盡千金。因為這樣反能輕鬆一些。他坦率透露：「我可以再去遊樂場，或馬戲團工作。其實，我現在的境遇已經跟馬戲團差不多了。」

總之，波斯特一想起錢作怪，便後悔當富翁。

習慣上，因人都說錢不怕多，或多多益善，但不曾想過對錢的欲望若止境，便犯「貪」字，那樣反而不快樂。有一千萬財產的人，便期望兩千萬；有了兩千萬，便想有三、四千萬……這樣永遠活在不滿足裡，有何快樂可言？『拾穗』雜誌有一篇「人生指標」的專欄，執筆人是前經濟部次長李模教授，他的金錢觀令我十分賞識。他說：「錢只要夠用，即是最大幸福。」善哉！金言玉語也。

有一天，我刻意上書店，翻閱那些《如何做個快樂人？》、《快樂人生》、《幸福泉源》、《幸福十大原則》……等暢銷書裡，沒有一本視金錢多少為快樂條件，這使我更確信「金錢買不到快樂」了。

我不妨再舉一件親眼目睹的例證：那就是我現在的鄰居有十家左右是墨裔移民，住在破舊房舍裡，都是勞工階級，不說銀行難得有儲蓄，甚至幹臨時工，常常會失業。事實上，他們僅靠微薄收入糊口而已。但奇妙的是，每天晚餐後，只見他們大小都把椅子搬到門外，或院子乘涼，說說笑笑，彷彿我童年住在台灣鄉下，父母工作早出晚歸，生活勤儉，也能充分享受天倫樂趣，和農家情調的日子，當年也沒有任何沮喪和憂愁。現在，我每天看到他們都很羨慕，心裡也在尋思：「這會比不上卡拉OK嗎？」

相反地，我們華裔鄰居那家沒有若干銀行存款？我敢擔保口袋鈔票一定遠比墨裔鄰居多出好幾倍？也開比他們更好的轎車？但是，有幾家中國人不是每時每刻在動腦筋賺多錢？為享受？為子女？反正不似墨裔鄰居那樣看得開、放得下，也不會被金錢欲望束縛得那麼緊迫，而喘不過氣的樣子。

坦白說，金錢與幸福絕對不成等號。依我看，這個關係除了主觀認定，也要客觀因素。例如，兵慌馬亂、天災遍地，連生命都朝不保夕，縱使有滿房子黃金和鈔票，又有何快樂可言呢？記得前總統蔣經國先生當年在俄國留學，不幸後來被下放到某山區挖金礦，他回憶當時的情景，曾感嘆地說：「金條一大堆有什用？換不到一頓飯吃。」人生是很奧妙，事事美滿才能幸福和快樂，不是光有錢，就等於擁有一切。倘若不認同這個道理，而執迷金錢萬歲，結果，一定會六親不認，標準守財奴，這樣過一生有何意義呢？

在美國圓寂不久的密宗大德——陳健民居士，也談到自己學佛跟錢財的看法，可讓佛友們參考。他說：

「凡積財者，終身不得出離；反之，破財圖出離者，出離以後，亦未必無財可過，過之亦未必有罪，要在出離之有無決心也。」

沒錯，身無分文不能生活，像目前經濟繁榮的時代，若能克勤克儉，維持起碼生活應該不成問題。學佛的人，若肯落實五戒的生活，沒有不良嗜好，日常開銷量入為出，起碼也能溫飽，並得到精神上的安定，而不一定要執著愈多愈好的錢財觀。若能這樣，生活快樂就不一定要擁有多少錢財了，只要夠用就好！

接著，我想起星雲大師常常開示信徒，賺錢要有福報，用錢要有智慧，錢用了才是自己的……倘能領悟這樣富有禪機的錢財觀，那麼，我們的快樂還會決定在金錢的多寡上面嗎？當然不會的。

最後，學佛的人別忘了人生真正快樂，在究竟解脫，而這不是千萬錢財買得到，若非這樣，佛陀當年也不必出家了，因為他身為王子，何愁沒有錢？還有上述那位全球首富，若能買得到究竟解脫的幸福，也恐怕早就拋棄財富了。

佛陀當年出家在家的弟子裡，不乏國王、大臣和富商，也都有萬貫家產，但都肯追隨佛陀的教誡，原因是，他們心中並不快樂，只有佛陀才懂得快樂秘訣，而當時佛陀身無分文，還靠行乞過苦日子哩！

只有學禪，才懂生活

早年讀到禪師們說，禪即是生活……，我苦苦不能理解，直到當兵回來，始知其中若干道理，但也不能從禪道中悟解得更多，因為限於我的資質駑鈍，精進不夠。

我剛上成功嶺訓練，頓覺那裡的日子跟在家，或在學校大不一樣。匆寧說，整天忙碌緊張，叫苦不迭，甚至情緒非常低落，恨不得早日離去。於是，同學們紛紛埋怨，記得A君說：「眼前又沒有敵人，這樣緊張幹麼？」B君說：「成天整理內務。規定洗臉盆怎麼擺？鞋襪怎麼放？棉被非摺疊成四四方方，像個豆腐塊不可，這有什麼用呢？」C君憤恨地說：「每天這樣窮緊張，難道就能打勝仗嗎？敵人看了就會害怕嗎？」

不知怎地，這些埋怨與不平的聲音，終於傳到連長的耳朵裡。有一天，他召集全連的新兵們訓話，果然搬出一套很堂皇的道理，而這些都是我們在文學校不曾聽到的，但我覺得蠻有道理，也許連長自己是行伍出身，從長期經驗中體會出來的。我依稀記得他這樣說：

「革命軍人要有戰鬥技能和戰鬥精神，這些不是只在操場上持槍射擊才算數。開始的教導方式，只有透過生活訓練來完成。你們別小看每天嚴格要求大家整理內務、棉被必須疊好、臉盆、毛巾要擺整齊、鞋襪枕頭按規定放好。好像時時刻刻都在苛求和管束你們，其實，透過這些才能知道軍人生活要嚴肅與服從。這就是戰鬥精神的基礎訓練，對以後上戰場很有用……。」

接著，連長又補述所有大元帥、大將軍，都是從二等兵的生活磨練起，而守法服從的生活信條，正是軍事教育的特色。這些生活規矩跟上陣廝殺的關係非常密切。總之，即使不上戰場去衝鋒，但每天生活的每一細節，都有不尋常的作戰意義，只是我們新入伍的同學們不知道罷了。

從成功嶺的受訓裡，我得到一項寶貴的啟示——任何學習或教育，如果離開生活，不從生活裡掘發，就沒有什麼意義，沒有什麼價值。生活上用不到的學習，等於浪費光陰、傷害生命。當然，打坐學禪也不例外，如果學禪離開生活，不能提升精神的層次，或領悟人生，那實在看不出有什麼用處？決不是呆坐著，就有什麼非凡意義。

禪宗裡，即使不乏奇奇怪怪的故事，但讀來讀去，總能看出內容的旨趣，不離日常生活的行住坐臥，此外，就沒有什麼大道理和大學問，反而是不明佛理的人自覺神秘罷了。

我記得星雲大師說，人的日常生活應該有禪味和禪機。我想，這一點對現代人太重要了。那麼，禪者生活到底怎樣呢？禪與生活怎樣銜接呢？學禪目的何在呢？

其實，這只是一個課題，禪即生活也。

古代有一名年輕學僧造訪趙州禪師，表明要來學禪。

趙州禪師叫他去吃飯，飯後，又叫他洗碗；之後吩咐他掃地。這一來，年輕學僧不禁埋怨：「我是來學禪，不是來幹這些雜事。」誰知趙州禪師也板起臉孔，厲聲說道：「除了灑掃洗碗，我也不知道還有什麼禪法？」

不久前，我到菩提寺觀賞一部日本京都拍攝的錄影帶，名叫「禪者生活」。內容從頭到尾都呈現禪者不分性別、職業、貴賤、學問……，凡有意學禪的年輕佛友們，都來到京都法海寺研習。每天從聽到起床的悠揚鐘聲，直到夜晚就寢，每一項行為舉止，都是生活細節，吃飯、睡覺、梳洗、作業、休憩……跟我們在家人行住坐臥，似乎沒有兩樣。但看完之後，又覺得那種日子不平常，似乎含有很充實的意味。於是，我忍不住想起照初法師的開示：「學禪若不把自己的生活照顧好，那麼，禪要我們安住在那裡呢？行住坐臥的基本問題不解決，難道就能解決生死大事嗎？」

說得沒錯，禪不是虛無飄渺，而是要實踐的，這樣才能讓人悟解人生。

有人會懷疑，既然禪是生活，那我們何必向禪師學習呢？待在家裡將生活調整完善，不就是禪者嗎？的確，要把生活管理完善，不要出差錯，活得自在無礙，就是指心裡的煩惱被除掉，不貪不取，和不怒不火，享受生活情趣，正是禪者的生活。

近代日本禪學大師——鈴木大拙，透過英文寫作，把禪的豐富內涵介紹到西方社會，震驚了西方知識份子。其實，就等於教導西方人怎樣生活？原來，西方人自從工業革命以後，物質文明領袖全球，總以為物質享受應有盡有，起了高慢心，而瞧不起東方人的老套。同時，認定那種豐盛的物質生活，即是人生最美滿、最正確的目標了。不料，短短半個多世紀裡，歐洲社會爆發了兩次人類史上最大規模的戰爭，生靈塗炭，他們精神上非常徬徨、沮喪，自殺率直線上升……處處呈現生活的頹廢悲觀，似乎是世界末日，才警覺到突飛猛進的物質文明，不見得是人類應該追求的正確目標。

直到他們發現了禪，曉得無價的禪機禪味，正是佛教的智慧，也是真正能夠滋潤和拯救他們心靈枯竭的寶貝。所以，鈴木博士把禪推銷到西方，無異指引西方人怎樣生活自在？給予他們在苦悶的日子裡得到曙光，功德無量，他是當代的大菩薩。

類似的情況是，國內的經濟水準提高了，食衣住行都很豪華，比起物質文明最發達的歐美和日本，毫不遜色。但，這不表示國人在享受生活，或領悟了人生。因為自殺率、離婚率、犯罪率……年年上升，甚至高居亞洲的首位，就可證明大家的精神很空虛，許多人悲觀得走頭無路，以為自殺、離婚……可以解脫，無疑找錯門啦。所以，國人枉有滿口袋鈔票，也不見得懂得生活，領悟很膚淺，表現很幼稚可笑。

例如，大家只會打掃自己的家門以內，門外再髒再亂也視若無睹，好像自己好就好，外面或整個社會再亂也與自己無關，殊不知地水火風四大在佛教有特殊的意義和解釋；不知垃圾堆積如山，空氣污染嚴重，汽水罐子亂丟，廢水不加處理，不守交通秩序……等都會形成惡劣的生活環境，四周環境不健康，人還能健康嗎？不健康的生活，怎能自在悠閒呢？既然不能，不就需要好好學禪嗎？

只有透過禪的修持，才能進一步領悟生活的意義，和人生價值。

最後，國人不妨背誦禪宗寺院的偈語：

「是日已過，命亦隨減，如山水魚，斯有何樂？當勤精進，如救頭然，但念無常，慎勿放逸。」

意思是，今天已經過去了，我們的生命也隨著日子逝去而減少。這彷彿魚兒沒有了水，亦無快樂可言？人要努力，就像要撲滅在頭上猛烈的燃燒火勢，內心別忘人生無常，不可縱情放逸。

我們的日常生活也應該這樣，因為生死難料，故要爭取時間，享受生活。只要努力改善細節，不必太耽心未來的變化。否則，反而患得患失，難得輕鬆自在了。

學佛的人豈可等閒這段禪的智慧？

「長江後浪推前浪」的新釋

從小學到大學的歷史書上，都一再強調指南針、火藥、印刷術、造紙……等是我中華民族的重大發明，每次讀到這話，我便心想：「那個光榮是列祖列宗的，後代子孫墨守舊規，不能超越，不該慚愧嗎？怎好意思老提往事呢？」誠然，那些東西輸到外國以後，他們便能精益求精，改良成比指南針卓越和方便幾萬倍的電訊雷達；將火藥一再精製成更有威力的炸彈和原子彈；也將粗糙的印刷技術逐步改造成現代人的電腦打字，樣樣都是花樣翻新，比原裝貨不知進步到多少萬倍，而原先的創作者反而落在人後，望塵莫及，那麼，怎好意思再提往昔的光榮呢？還是不說也罷。

同樣地，許多年前，我讀過胡適之先生的一本文選，其中一句話給我很深刻的印象，他說：「徒弟比師父厲害，難道做師父的不會慚愧嗎？」因為他舉日本為例子，反駁國人不時譏笑日本文化當年抄襲中國，包括文字、社會制度和食衣住……等一切幾乎都取自中國，等於中國人的徒子徒孫，有什麼好神氣呢？不料，胡先生不以為然，反而客觀地勸告國人千萬不要有這個想法。

日本人模倣中國的史實固然不可抹煞，但那並不可恥，應該慚愧和警覺的是我們自己。

因為當初日本人意識到自己技不如人，才立刻埋頭苦幹，設法迎頭趕上，如今一切成就果然超過我們了。他還指出日本的紡織業、造船業……等科學也學自歐洲，不料幾十年之後，竟連老牌的英國紡織業和造船業都對日本俯首稱臣，難道這樣不值得敬佩嗎？

雖然事隔許多年，無如，我當初讀完胡適文選以後，對這段大意的記憶特別深刻，也特別賞識。六十年代中期，也是第二次世界大戰結束後，我有機緣赴日本留學，也非常注意日本人如火如荼美國化的情形。因為戰後的日本，對美國的強大富裕心服口服，各方面都言聽計從，但自己也不忘知恥反省，努力學習美國的優點。如今過了半個世紀，在在證明日本的成就，頗有駕凌美國的情形。

除了巨額貿易逆差以外，日本人還紛紛吐露：「美國沒有什麼好學習啦。」「美國工人的素質低劣」、「美國人懶惰」、「只有日本敢向美國說『不』。」顯然，這都是日本人在戰敗羞愧之餘，才化悲憤為力量，想盡辦法突破困境，不囿於潰敗的自卑。迎頭趕上美國的事實反映。世事無常，決非妄語也。

近年來，國內的經濟進步有口皆碑，早已獲得國際人士的喝彩，比起當年美援時期，也不知好過多少倍，但絕對不能拘泥於現有的成就，得意之餘，顢頇自大，停在原地踏步，那會變成最大的愚癡。

凡事不能自滿，應該勇於跟外國人比較，自然會覺許多方面比起歐美和日本等先進國家，尚差一大截，這就是我們要追趕的距離，不但要趕上，還要超過和駕凌。開始時，偶而做冒，尚無可厚非，但不能永遠這樣做，總得設法突破和升級。說得平實一些，即使憑國人的努力，各方面成就不能領袖群倫，成為國際社會的龍頭老大，至少要與先進國家並駕齊驅，以免成為落伍之邦。

總的來說，「青出於藍而勝於藍」是值得肯定的，值得鼓勵的，就像日本人那樣不但要先客觀反省，之後，努力學習，再求超越，達到徒弟比師父厲害的目標，而惟一秘訣是精進罷了。學佛的人都清楚佛陀成道以前，就是印度迦毗羅衛國的悉達多太子。他私自離宮之後，先訪當時全印度最馳名的兩位仙人——阿羅藍、優頭藍伽。目的是想跟他們學習了生脫死的方法。誰知他們的功力只修到「無所有處定」、「非想非非想處定」。說真的，這也是世間最高層次的禪定了。我有時暗忖，如果太子當年的精進心不足，一味修持禪定，當然不可能得到大智慧，以至證悟解脫。即使「青出於藍」，也永遠不可能「勝於藍」了。

佛教裡，徒弟比師父厲害的最先例，無疑是佛陀自己。但，這絕對無損他的尊嚴和偉大，反能證明他會突破執著，不囿於現狀，破解人云亦云的最高準則。而且努力追求最高的成就，直到成佛作祖，永遠讓世人恭敬膜拜。

佛教裡，還有一件很感人的實例，是佛經翻譯家鳩摩羅什向師父講經，敍述因緣空假的教理，最後，竟讓師父成為他的信徒。

大意是，鳩摩羅什的天資聰明，少年得意，先讀《中論》、《百論》及《十二門論》等重要經典。他二十歲時，曾在宮中受戒，跟隨一位名叫卑摩羅叉的老師學習《十誦律》。後來，他又拜盤頭達多為師，但自己在餘暇博覽大乘經論，也能洞察它的奧秘。龜茲國王為他造了金獅子寶座，聘他上座說法。

之後，他為自己的師父盤頭達多講解《德女問經》，說明萬法皆空，而小乘仍然停滯在名相之中，多有侷限。其間，師父屢次反駁，逐一詢問，但是，鳩摩羅什卻能引經據典，不厭其詳地詳加分析，才讓他的師父很感慨地說：

「師父所不能通達的，反而由學生來啟發，今天的事實，就是一個明證。」

接著，就改口尊稱羅什為老師，誠懇地表示：

「你是我的大乘師，我只是你的小乘師。」

這師徒兩的胸懷，真令人感動。

記得佛光山星雲大師在『普門』雜誌上說，那年回大陸探親，久違四十多年，內心許多感慨不在話下。尤其，當他回到昔日出家學佛的棲霞山佛學院，和焦山佛學院，重逢一群老師同修，提起諸多往事，更是不勝唏噓。大師感慨地吐露，當年遇到老師不敢抬頭，也不敢說話，而今老師卻以大禮熱烈歡迎學生回院參觀，待以上賓，真是愧不敢當，十分不敬。不料，昔日的師長卻都表示，術業有專攻，徒弟不一定不如師父；何況，人生的境遇更難說，因緣福報都會有，加上個人的勤勉努力，後來的成就也往往會駕凌師父之上，這是見怪不怪的世事了。

古時候，中國師父似乎有一種壞習慣，不肯將技藝傾囊相授，總要保留一些，深怕徒弟比師父出色，有失師父尊嚴；或預防徒弟叛變，不能制伏，當做防護之用，殊不知結果往往造成秘絕失傳，一代不如一代，以至完全絕跡，非常可惜。所以，一旦青出於藍而勝於藍，徒弟比師父厲害的時候，大家都情不自禁發出讚嘆和驚訝。

其實，在教育發達、資訊流通的今天，凡事都日新月異，時刻在改變，誠如國內企業界的標語：「保留原狀，就是退步」，意思是，執著僵硬是愚癡，學如逆水行舟，不進則退，兩者的道理一樣；一代比一代進步，學生比老師出色，乃是時代的潮流，現代人的共識，有什麼可疑可訝呢？同樣地，今天比昨天進步，明天勢必要比今天更好！才是廿一世紀的生存哲學。如果國人缺乏這項認知，安於現狀，貪圖眼前的享受，而失去鬥志與精進，也一定會違背生存競爭的原理，被時代的巨流所吞沒。

學佛的人要明白菩薩道是以六波羅蜜做基礎，其中精進波羅蜜，就是要有突破、升級和超越的毅力，像徒弟比師父厲害，學生比老師進步一樣，才符合現代的生活目標。有道是，長江後浪推前浪，一代新人換舊人，果然有真理存焉。

不妨等閒嫉妒心

驀然回首，我會覺得小學時代曾有五個年頭，幾乎是我二十年求學生涯中，最風光愉快的日子。原因是，我在小學六年裡，有過五年共計十個學期，都是全班第一名，主要學科考試一定是榜首。

不料，上了六年級，成績卻開始屈居亞軍。我雖然仍是班長，但風光不再，早已失去同學們心目中的英雄地位，也非昔日大家艷羨的「小老師」了。

我記憶很清楚，六年上學期一開學，從新竹市來了一位新同學叫做吳阿明。他是閩南人，矮個子、相貌不揚，但非常聰明。當時的科目幾乎樣樣精通，每次考試也比我好，尤其是算術應用問題最拿手，簡直跟老師的程度差不多。再複雜深奧的題目，他算得又準又快，真是近乎天才。也讓全班同學驚服得沒有話說。

這一來，把我平時所受的寵愛，和享有的風光都被他奪走了。以前，級任老師都會叫我放學後，留下來當助教，我儼然以「小老師」自居，如今，這些威風被吳阿明搶去了。從那以後，我破天荒地嚐到滑落的苦味，每天上學也不愉快了。有時睡夢中也會體驗自己被吳阿明打敗的痛苦感受。總之，六年級這一年我過得相當不舒服，當然，原因出在我的「嫉妒心」

。然而，當時還沒學到「嫉妒」這個名詞，卻已經強烈體驗到那種心情的存在。

它的確很討厭，很麻煩，揮之不去，趕也趕不走。每天看到吳阿明，我心裡就有些恨他，但是敢怒不敢言，也不好意思坦述自己的心事。反正從那年起，我好像忽然長大了起來，覺得自己在過大人的社會生活了。

說真的，那股強烈的嫉妒心，好像延遲到小學畢業後，分別考入不同學校，平時難得碰面，才在不知不覺中淡了下來。至於從幾時起，由嫉妒轉變成敬佩，我就記不清楚了。如今事隔四十多年了，每想起那件事，我就忍不住好笑，也覺得好玩。尤其，驚訝人類真是很奇怪的動物，怎會有這種莫名其妙，又會讓人煩惱的嫉妒心呢？

我還奇怪嫉妒心習慣從一堆熟人裡滋長，有時跟兄弟姊妹和親朋好友也產生嫉妒，反而跟不相干的人扯不上。這一來，的確會造成很大的困擾，如果處理不當，也會演變成更大的災禍或悲劇。

「嫉妒」這個怪胎到底怎樣產生的呢？即使現代心理學家有最新發現，依我看，還不如佛教的詮釋那樣詳盡周延。自古以來，嫉妒在人際關係裡佔有極重要的地位，在一個團體或彼此來往時，若要保持和諧圓滿，就不能忽視嫉妒這種麻煩。所以人人對它要有相當認識與自制，它的存在千真萬確，即使它在內心不佔有任何空間與重量，解剖出來也看不見。無如，自己處理不當，往往成事不足，敗事有餘。但話又說回來，嫉妒也不是十足的壞東西，或一無可取。倘若懂得用智慧去面對或引導，也有它正面的功能，例如化嫉妒為精進，會形成一股強大的魄力，驅使自己埋頭苦幹，追求成就，也是善莫大焉。

當然，嫉妒心人人皆有，而且從幼小開始就有，似乎是人類與生俱有的七情六欲之一。它是很奇妙的，在個人的處世經驗裡，誰都會碰到它，只是每個人的應付方法不同，但通常會由它扮演反派的角色，讓它發揮負性的作用，結果可想而知，一定很不樂觀。難怪佛教唯識宗將列為一項「隨煩惱」了。因為任何人目睹別人，尤其是身邊的人得意或成功，難免心裡不舒服，也就是「酸葡萄心理」，它會來得莫名其妙。

曾有一部經叫做《嫉妒新婦經》，據說它是人為經，不知作者何許人，只知這名作者由於妻子的嫉妒心非常強烈，才作此經來警告她，也特別強調善嫉的人，將來會受到很重的業報，而其他佛經上也有些故事可以做證。

例如經典記載提婆達多是釋尊的一名弟子，也是阿難的胞兄，人雖然聰明，可惜野心很大。釋尊晚年，佛教的勢力如日中天，他起了嫉妒心，有意取代釋尊來統率整個教團。有一次，他眼見衆人齊集，便當衆央求釋尊讓位，由他繼承。不料，立刻遭到釋尊嚴詞拒絕，還被厲聲斥責一頓，譏笑他為「食六年口水的人」。同時，竭力稱讚舍利弗與目連。這一來，提婆惱羞成怒地離去，之後，三番兩次陷害釋尊，也另組教團要對抗釋尊。可是，他無德無能，終歸失敗，還嚐到地獄的苦果，受盡嫉妒之害。

另有一名叫做迪瓦達塔的佛陀信徒，有一次，苦苦央求釋尊讓他出家，加入教團。但是，釋尊始終不同意，認為他不適合出家，不如居家修行也一樣能證道。誰知他心有不甘，就對外大肆宣揚：

「佛陀怕我出家後，聲望會超過他，才不允許我去出家。佛陀的心胸窄小，現在我要自己剃髮出家了。」

他也自誇出身釋迦族，又證得神通力。所以，很快另組教團，廣收門徒了。釋尊知道後，預言他犯了身、口、意三惡業，不久會下地獄。後來，他果然自食惡果了。

這就是凡夫的嫉妒心，一直看不慣別人比自己優秀與成功，而忍不住發牢騷，甚至用詭計陷害對方。其實，最後受害的還是自己，反而不見得會如願把對方打倒。

例如《三國演義》有一段記述非常深動，也是描述凡夫被嫉妒心所害的故事。那便是周瑜發現孔明比自己高明，便十分嫉妒，容不下他，屢次設計陷害他。無奈，孔明棋高一著，早已看破他的心意。最後，周瑜不僅不能如願，把孔明害死，反而活活被孔明氣死了。臨死時，他念念不忘「既生瑜，可生亮？」可見他的嫉妒心有多熾烈，可惜不會處理，致使不能跟孔明結成好友，好像魯肅一樣，雖然政治立場跟孔明對立，私下也能跟孔明保持很深的友誼，這不是很得體嗎？周瑜何必心生嫉妒，看不開，放不下別人的聰明才智，落得死不甘心，何苦來哉？標準凡夫一個，不是愚癡是什麼？

倘若目睹一個比自己強，或成功的人，實在不必嫉妒，不妨面對事實，改用讚嘆與欣賞心看待。同時，藉此警惕自己多加努力，欣逢好的榜樣，值得學習和歡喜。這樣，不僅不會自尋苦惱，表現醜陋的情緒，反而能增進友愛和睦，雙方愉快，甚至私下默契，互補互利，追求共同目標，才是圓融處理嫉妒的正途與智慧。

《六祖壇經》寫到惠能大師不受制於文學，能夠自證佛性，當真了不得。其實，我也很賞識神秀這位頗有大師風度的人物，因為他的開闊心胸，寬大肚量，非比尋常。在惠能還沒有進來以前，他是同修們心目中的主導人物，五祖的衣缽非他莫屬，誰知中途出現一個大字不識的惠能，竟輕易地奪走了這個光榮的衣缽。他不但不會嫉妒羞愧，反能由衷地稱讚對方，他的謙虛誠實，讓我讀了十分感慨。

尤其，當自己的徒衆譏笑惠能目不識丁，無德無能，怎能得到衣缽？簡直豈有此理！忍不住替神秀師父抱怨不平，誰知神秀卻真看得開，一點兒也不生氣，只聽他竭力自謙，並讚揚惠能，說道：

「他得無師之智，深悟上乘，吾不如也。且吾師五祖，親傳衣法，豈徒然哉！吾恨不能遠去親近，虛受國恩，汝等諸人勿滯於此，可往曹溪參決。」

他話裡那有半點嫉妒呢？真不是等閒之人！

還有佛學翻譯家鳩摩羅什先學小乘教義，拜在盤頭達多門下，但幾年以後，徒弟比師父進步，先悟得大乘教理，回來向老師講解心得。這位老師也不是泛泛之輩，毫無嫉妒心，反而驚嘆之餘，立刻謙虛地嘆道：

「我是你的小乘老師，你卻是我的大乘師了。」

他熱愛大乘佛法的程度，超越一切，也把煩人的嫉妒一掃而光，難道是凡夫嗎？

我發現《法句經》有一首偈，必能消除嫉妒，值得佛友們奉行：

「捨棄於忿怒，除滅於我慢，解脫一切縛，不執著名色，彼無一物者，苦不能相隨。」

（二二一）

學佛與學識

《三國演義》這本小說的第四十三回是：「諸葛亮舌戰群儒，魯子敬力排衆議。」寫得很深動、很有意思。我反覆讀了許多遍，愈讀愈有興緻。其中一段給我很大的啟示，那是孔明初會江東一群俊傑，難免唇槍舌戰，一個名叫嚴畯的文官問孔明：

「你到底精讀那些經典呢？」

意思是，問他通曉那門學問？有何才幹呢？誰知孔明答得極正確。他說：

「尋章摘句，世之腐儒，怎能興邦立事？古代張艮、陳平……等皆有匡扶宇宙之才，也不知他生平精通那些經典。」

意思是，讀書在求真知識，不論讀那部經典都不要緊。不要執著書本文字，主要會活用，或觸類旁通，碰到任何問題，懂得分析研究，會藉用書本知識圓滿解決最重要。這才是真正的關鍵，而絕對不在那幾本經典。

這段話使我想起二、三十年前，日本風行一本書：《學歷無用論》。在台灣也有譯本出版，我讀後非常同意作者的結論──「學力有用，學歷無用」。當然，在很重視學歷文憑的社會，學歷可能方便一時。其實，真正關鍵時刻，就要靠真才實學了。所以，英雄豪傑很少擁有顯赫的學歷，商場如戰場，如果執迷學歷，那就太不管用啦，只有活學活用商業知識最重要。難怪某位著名的企業巨子說：

「人才是什麼?我給你一千萬，你能賺兩千萬回來，就是人才。」

雖然快人快語，顯得不怎麼斯文，但卻直截了當給商場人才下了最具體與實在的定義，說得真不錯。

意思也是不必執迷名相名號；若虛有其表，自鳴得意，反而成了知識障。結果，倒楣受害的是自己。

所以，我舉雙手贊成這個定義，也要擁護到底。

有些人拿到博士學位後，以為本行知識懂了差不多，足夠後半輩子之用，也能應付社會需要，從此關上求知的大門，也聽不進非博士者的意見。其實，這不但是明顯的知識障，也是老化的開始。之後，他的腦力思考再也活躍不起來，日新月異的知識再也進不到他的腦海裡。他自認高人一等，事實完全活在僵硬的價值觀裡，跟時代脫了結。他所以昧於新知的浪潮，在於他太執迷博士時代的成績。

在洛城，我也遇見過好幾位這一類博士，每次談佛法，都聽到他們的疑問特別多，有些好像刻意挑剔，無理反駁，顯然知識障在作祟。有一位雖然也是佛教徒，很熱心搜集佛書，包括中、英、日三種語文的各種佛教資料，估計上萬本左右，足夠成立一間圖書館。有一天，他偶然吐露自己投保佛書的感想：

「只有博士頭銜的作者才吸引我……。」

意思是，沒有博士頭銜的作者，所寫的佛書都不太吸引他，連高僧大德和開示也不例外，因為他們幾乎都沒有博士學位。我聽了頗不以為然，也真替他惋惜，因為他陷入知識論和知識障裡。其實，學佛跟讀書不太一樣，也跟知識豐富與否沒什相干。

沒錯，夠水準的佛學著作，頗能啟發知識份子，也能助人消除愚癡，並彰顯佛教的真貌。但是，並非所有博士階層的作者都能寫這種書，而且衆生的水準千差萬別，並非人人都能受用這些書。至於是不是好書，也是見仁見智，尤其重要的是，學佛的目的在求解脫，除去貪瞋癡慢疑，若作者自己缺乏實修體驗，談不上信解行證，怎能寫得出好書呢？試問古今中外擁有博士學位的作者裡，究竟有多少人有過修行持戒的體驗呢？他們果真有了真智慧，得到解脫嗎？他們都沒有煩惱了嗎？倘若沒有，他們的著作當然不可能讓讀者受益，不可能教人怎樣除去貪瞋癡，得到真解脫了。

所以，真正好的佛書不是全由知識淵博的人寫的。

說真的，我讀過英、日文佛書與中文佛書的數量差不多。依我的經驗，前者偏重佛學，後者偏重實修。十幾年來，我反而愈來愈愛讀後者，也就是傾向解脫方面的佛書了，偏偏那些書的作者沒有一位是博士，然而，他們都有修行幾十年的經驗，包括打坐、念佛和其他持戒實踐的心得，娓娓道出，即使文章結構，詞句修飾都談不上，我讀了受用極多，用如飲甘露，如魚得水來形容也不過份。相反地，我有時讀完幾位博士寫的佛書，不但有些迷惑，而且絲毫無補於煩惱的消除。換句話說，有些外文和博士作者寫的佛書，對於我消除貪瞋癡慢疑沒有實際用處。當然，這只是我自己的體驗，不知別人怎樣，不過，我無意奉勸學佛的人不必去讀那些博士作者的佛書。

關於後者，也就是高僧大德的開示與經驗談，有些當真讓我著迷。例如一位在泰國弘法的高僧——阿姜查，留下一本簡短的開示錄《我們真正的歸宿》，柏克萊林鈺堂居士的《勸念佛》，星雲大師的禪話和演講集，心道法師的幾本開示等，都讓我百讀不厭，受用不少。反觀他們都不是博士，只有林鈺堂居士有哲學博士的學位，不過，他們都是一群老修行，才有這樣精采的內容引人入勝，接引芸芸眾生傾向佛法。

我在大學時代，參加過一次大學生作討論會，會員都是大專各科系的學生，只要對寫作有興趣都能參加。當然，其中也有外交系與中文系學生。記得會中有一位胡姓的男同學，他在某國立大學外交系四年級就讀，當他高談寫作技巧時，滿口英文專有名詞，也擅引經據典，似乎以流利的英文自傲，而不太瞧得起在座的中文系學員，縱使他們發表寶貴的寫作經驗與技巧，聽在胡姓同學耳朵，好像等而下之，不及他所懂的西方技巧。所以，別人再好的意見和知識，他都不看在眼裡。當時，我們蠻以為他有淵博的寫作經驗，懂得許多特殊技巧，殊不知以後也沒聽他在這方面有什麼成就。以我現在的眼光看來，當年的胡同學有嚴重的知識障，至少在寫作方面如此。

學佛的人切忌有知識障，誠如前述說，學佛跟本人有無豐富的學識，實在關係不大。六祖惠能大師是很著名的例子。當他在黃梅山五祖的道場，聽到神秀的偈語後，發覺他還沒見性，立刻請旁邊一位江州來的張日用居士代筆。不料，對方似乎不屑地說：「你也會作偈？真是稀罕事。」結果，惠能回答一句很得體的話：

「欲學無上菩提，不可輕於初學。下下人有上上智，上上人有沒意智；若輕人，即有無量無邊罪。」

我想，學佛的人應牢記這句當頭棒的話，才不會陷入知識論，也能警惕自己別被知識綁得動彈不得。事實上，佛法超越知識，學佛既不要知識論，也不要知識障，反正不落兩邊才對。

例如，日本石州島有一名佛教徒，叫做淺原才市，他沒有什麼學識，只是造木屐的工匠。但是，他終身念佛，平時將工作與聞法的生活結成一體，所以，他一舉手、一投足，都可說是「法性」的表現。

因為他白天工作時，會把心中感想譜成和歌，寫在木屑片上，每到夜晚，便把和歌拿出來整理，逐一謄錄在筆記簿上。

他一生寫成幾千首和歌，每一首都有他聞法的慚愧、喜悅與信心，這些成果也能媲美禪宗的高僧名言。

我在想，這些作品會比有博士頭銜的非佛教徒，寫的佛書差到那裡呢？

波斯灣動盪的根源

不論古代或現代，不論中國或外國，人類苦惱的原因，都如佛陀所說，是貪瞋癡慢疑引起的。這是世人心病的根源，不料，當我熟讀世界戰史，和近年時局戰亂的原因，也同樣出在貪瞋癡慢疑，個人的苦惱如此，時代的戰亂也如此，足證佛陀的智慧何等深遠正確，簡單幾個字，就含蓋了人類幾千年來，生活在「火宅」的真相。

佛陀不僅診出病因，也開了寶貴的藥方，苦口婆心勸世人服用。可惜，許多人充耳不聞，當政者更聽不進去，一直執迷權力，反而使病情更劇烈，以致惡化到不可收拾，造成生靈塗炭，哀鴻遍野。說來說去，那些戰亂不安的禍首，統統出在執政當局的貪瞋癡慢疑。從兩次世界大戰的史實可以證明得很清楚。

老實說，縱使知道病因，倘若不肯服藥，病況也照樣不會起色。結果，當然不難預料，連佛陀也沒有辦法挽救，只有自食惡果而已。

《法華經》有一段良醫父子的故事，意謂一位醫生父親出國旅行，一群孩子在家誤食毒藥，叫苦不迭，待父親回來，趕緊調配解藥叫他們服下。有些服下立刻痊癒，有些毒害太深，失去了本性。這樣，當然做父親的醫生也救不了他，誰叫他不聽父親的話呢？我想，現代人不是一樣嗎？執政者不也是中毒太深，又不肯服解藥，才會起亂，造惡業讓舉世滔滔，難得人間一片淨土嗎？

遠的不說，光說數年前波斯灣戰爭，真正的原因，各有一套說詞。總很難讓外人置信，還是留給史學家去說明。

事實上，是由伊拉克突然侵佔科威特引起，若依照伊拉克海珊總統的話說，那是他們的土地，理所當然要拿回來。光憑這一點是說不過去，所以，看做「貪」字引起，應該不會錯。接著爆發大戰，死了十幾萬人，伊拉克也失敗了。

之後，表面上那裡沒有戰亂，一片和平，殊不知暗濤洶湧，彼此勾心鬥角，根本不平靜……幾週前，果然又出了事。美國各大報刊出大號消息說，波斯灣的美軍戰斧飛彈突擊巴格達，摧毀伊國的情報中心。美國官方說爲了維護自衛權，事因伊國想暗殺美國前總統布希，故用飛彈報復懲罰。顯然，這是美國政府的慢心與疑心，自以為有精密武器，有恃無恐，只要對方敢不聽命令，就要給你好看。至於伊國是否真要暗殺布希，尚未表現任何行動，都只是可疑，就動了瞋恨的怒火，才給予伊國下馬威。

再細聽美國官方說：「我們最後等著瞧……這次攻擊也是對海珊一次警告。」

柯林頓總統也很得意表示：「我對已經發生的事情相當舒服，我想美國人民也應該會舒服……情況很清楚，這是一次成功。」

國務卿克里斯多福說：「我們發出一個非常強大的訊息，很可能不會結束這個故事，不過，自然會提醒他，我們有能力使他受到重傷。」報紙都用肯定的語氣指出，柯林頓初次用兵，國內聲望大漲……。由此看來，美國官民都陶醉在慢心裡了。

再引用美國駐聯合國大使艾布來女士的話：「我們獲得情報看來，我們非常有把握地說，伊國政府的最高階層在策劃要謀殺布希。」美國防部長亞斯平也強調：「他們的暗殺計劃不是一小撮人獨立作業，有明確證據顯示這是他們政府情報部門的傑作……。」反正沒有事實證明的話，都是疑心暗鬼，屬於猜忌瞋怒的範圍，以後發展當然不會樂觀了。

顯然，冤家宜解不宜結，別看美國表面上獲勝，暫時沒有引發對方反擊，卻也不是真正和平，只會舊恨添新仇；伊國海珊政府竭力忍辱，內心卻時刻要復仇，這樣怎能平怨止恨，得到永遠的和平呢？

那個地區若想要徹底安寧，不妨參照佛經的偈語：「棄結忍惡，疾怨自滅」這個啟示。意指世間只有完全消除內心的怨恨，才能止息怨恨。以恨止恨，反會使怨恨的種子萌芽、茁長……反覆循環，永無休止。

例如，第二次世界大戰結束後，同盟國紛紛向日本請求賠償，只有中國和錫蘭例外。錫蘭是佛教國家，當時錫蘭代表說出一句十分莊嚴感人的話：

「從一個戰敗國手中求取賠償，無異怨上加怨，永遠沒有和平可望；棄結忍惡，疾怨自滅。」

這就是佛教的智慧，也是平息世間所有戰亂的原理。

別看美國是地球上最先進的國家，教育最發達，培養成群的知識份子，也會發明各種最先進武器，卻不能想出真正和平的秘訣；即使能夠戰勝對方，倒不一定能停止對方的仇恨憎怨，建造真正的人間淨土。故也缺乏智慧人才和政府。

所以，國與國的交往，如同個人對個人的關係；真正的和平基礎，只有除去自己內心的貪瞋癡慢疑，實踐佛陀的教示才有可能。表面上，時局糾紛錯綜複雜，無如真正原因仍在貪瞋癡慢疑作祟。

專注誠可貴，定力價更高

定力是很奇妙的東西，偏偏只有人類才有，在其他動物裡還不曾發現，而且這是很寶貴的，也要靠自己去挖掘訓練，雖然是人類天賦的資質，倘若不去培育，也照樣不能使用，不能讓自己受益。

我一向愛讀中外名人的傳記，甚於枯燥的歷史文獻，因為前者含有豐富趣味的軼事，扣人心弦，既有人情味，又有很高的啟示性，足以讓我的印象永遠那麼活躍新鮮，堪稱很有價值的人生教材。

據我所知，中外所有卓越的發明家、藝術家和各行各業的研究人員，除了都有天生過人的才智，還有一項共同的特徵是，對自己的研究主題，或理想追求，心無旁騖，全力以赴。甚至如醉如癡到了廢寢忘食。光憑這一點，就能看出他們的成功在望了。老實說，天賦異稟是不能勉強的，但後天的專注與定力可以培訓，而且全靠自己肯不肯立志？願不願意投入？誠如佛教一句膾炙人口的話：「師父引進門，修行在個人。」當如是也。

既然專注與定力那麼重要？對於生活事業很有益處，而且可以靠後天培養，那麼，我們何樂而不為呢？有道是求人難，求自己容易，只要自己有心就可以開始。否則，就是自暴自棄，非常可惜。

希臘大數學家阿基米德為了解答浮力難題，真是煞費苦心，全心投入，簡直忘記一切身邊的存在。一天，當他不期然而然坐在水盆裡，發現水溢出時，恍然悟得問題的答案。狂喜得馬上光著身子跳出來，狂奔大叫：「我知道了，我知道了。」殊不知在那片刻以前，他的全部身心都處在一種忘我的情境，非常專注，什麼煩惱、雜念與誘惑對他都不起作用，全神貫注疑難的思索，真是難能可貴，人間罕見。

聽說大發明家愛迪生聚精會神在一件作業上時，好像完全變了另一個人，不言不語，不眠不休地活在另一個世界。最有趣的一件軼事，莫過於曾經誤將手錶當做雞蛋，放在鍋裡煮了半天。在這樣無我無物，不存一切雜念的境界，何愁東西發明不出來?光是那股專注的幹勁兒，就能穿透銅牆鐵壁，橫掃一切障礙了。

有時，當我心猿意馬，注意力分散時，就忍不住苦惱、暗恨自己，同時好生羨慕上述兩人對理想的執著心，對作業的精進心，以及實踐的堅定心。不知怎樣下工夫才有那種造詣？

結果，我得到的答案，是不為也，而非不能也。

不過，他們所擁有的專注和堅定心，卻不同於佛教的禪定工夫。因為後者是一種很特殊的精神作用，可以止息散亂的心，讓自我歸於絕對寂靜，不論遇到什麼境況，都能不動心意，即使泰山崩於前，也面不改色，但這種禪定力只有從高深的禪坐中才能得到。在佛教卅七菩提分法裡，它屬於「五力」之一，也是讓人能遠離欲惡與不善的法力。一般來說，禪坐修行要靠名師指點，和嚴謹持戒，不宜自己暗中摸索，以免走火入魔。

那年，我來美國前夕，曾向皈依師父真華上人辭行，蒙他贈送一副泰國版的佛陀座像──菩提樹下禪定的莊嚴法相。它隨著我來新大陸飄泊好多年，如今生活稍微安定，才放在客廳中央，讓我每天都便於瞻仰膜拜，好生歡喜。

佛陀禪坐的定力，非同小可。《六度集經》記載佛陀在禪定中忘了外界的事情，天大的事也擾亂不了他。大意是這樣：

有一次，佛陀在一棵繁茂的巨樹下靜坐觀想。他悠然自得，外在一切絲毫不會妨礙他。當他從禪定中出來，阿難說剛才有五百輛馬車從附近經過，聲音極大，佛陀不但沒有聽到，他還透露從前在阿譚縣一間屋裡靜坐、觀想生死的苦本。忽然，雷電交加，打死了四隻大牛和耕田的兩兄弟。待一切靜止之後，鄰近的人聚集談論，收拾殘局，佛陀才從禪定裡出來，聽到外面的人問：「剛才巨雷震響，難道佛沒有聽到嗎？」

的確，佛陀進入深奧的禪定裡，大地雷電轟隆也聽不到。他這一番回憶自述，讓在場的人聽了心生法喜，紛紛央求佛陀前去弘法。

還有一則禪定的記錄也很有啟示，那是明朝末年憨山大師的故事。

有一次，他在打坐，迅速進入忘我境界。五天後，有人在他耳邊敲了幾聲磬，他始微微覺醒，睜眼一瞧，竟不知身在何處。來人對他說：

「我離開的時候，師父就閉門打坐，如今已經第五天了。」

憨山回答：

「我不知道，我剛剛只呼吸了一下而已。」

對於憨山大師來說，五天時間只是一次呼吸而已，他在靜坐中，連時間觀念都消失了。坐禪的鍛鍊，就是在日常生活中，學到怎樣聚精會神，穩住定力？不論聽什麼、看什麼、做什麼都能專心一意，這樣絕對比三心二意時做得好。

學佛的人即使不能個個如憨山大師那樣程度，一連幾天如醉如痴，忘記時空的存在。至少可在現實生活裡，減少內心的欲望，少打攀緣的念頭，對自己有一股信念，就是培養定力最起碼的功夫了。

我常常想，現代人最大缺陷之一，無疑是對自己的喜好與理想，缺少一種堅定力量，極易受到外界聲色利誘的影響。那怕天資再聰明，學問再淵博，幹勁再充沛，由於定力不夠，也會中途變卦，甚至背道而馳，成了默默凡夫。

不久前，報載國內一位大學校長在嘆息：

「我好不容易從國外延聘教授回來，雖然他們都在外國表現非常出色，但回來以後，最多只能到五年，五年以後就變了，變得很愛錢、很現實……。」

所謂隨波逐流，受制於現實，也等於不再執著學術的目標，對理想的定力徹底毀滅了。這樣的教授當然失格，毫無定力抗拒八風——利、衰、毀、譽、稱、譏、苦、樂——的吹襲。俗話說威武不能屈、貧賤不能移、富貴不能淫，是正人君子的風範，而更淺顯的口頭語，所謂大丈夫、好漢或硬漢一個，多少象徵是有定力的人。可惜，這種硬漢或好漢愈來愈罕見，快要成為稀有動物，無疑是現代社會的大悲哀。

聰明人、讀書人、智慧人

凡愛讀《三國演義》的人，都會發現衆多英雄豪傑、機智政客，若要分門別類，不外有聰明人、讀書人和智慧人。但是，大家別以為孔明、周瑜或曹操等能呼風喚雨，操縱時局，尤其是諸葛孔明最厲害，未出茅蘆，就能擬定天下三分，殊不知他也只能算聰明人，而絕對不是有智慧的人。

記憶裡，恐怕只有玉泉山上那位普淨長老是智慧型。因為關公死後，英魂飄到山上大喊：「還我頭來！」時，他即刻開示說：「昔非今是，一切休論，後果前因，彼此不爽。」才讓關公恍然大悟，稽首皈依而去。

可見他是懂得因果，不可冤冤相報，倒不失為有智慧長老。至於其餘都是草莽武夫，和舞文弄墨，奸詐狡猾，唯利是圖的書生，充其量有些知識、武藝計謀和口才，但也統統屬於凡夫，不値一提。

現代人書讀得多，知識淵博、頭腦清晰，這樣也只是讀書人或聰明人。如果生活在專制時代，就常常會混淆聰明，學問、道德、才能或智慧的界限與意義，因為當朝皇帝或領袖，都是天資英明、料事如神、大時代的尊師、航行船隻的舵手……好像都具足這些美好的條件，讓老百姓相形見慚，乖乖聽話守法，天蹋下來也有他來支撐。其實，我們冷靜一想，他們也是凡夫一個，缺乏智慧，最多屬於聰明，還未必有知識哩！但那時沒奈何，一切妄且談之，老百姓妄且聽之。

例如，國內戒嚴時期，學生作文若用聰明、智慧、英明……等讚嘆某位領袖主管，包管得到最高分，因為那是濫用形容詞的時代，不確定那些豐富詞語的定義和用法亦無妨。

不可諱言，聰明人是天份好、記憶好和理解力俱佳，若肯用功學習，都會名列前茅。例如國內滿朝文武都是博士碩士，從國外第一流大學留學回國，天資、學問當然沒有話說。還有高中以上的高學歷老百姓，也多得遍地都是，真是個教育發達，人人有知識的時代。

然而，讀書人或知識人，卻未必有愉快的日子，反而受盡知識障的苦惱。他們都有許多意見、思想發達、反應迅速，但聽不進別人的話自以為是。國內著名作家林清玄對這種人有一段極生動的描寫，他說：

「他們被各種知識扯來扯去、忽左忽右，像漩渦一樣旋轉，於是陷入一種緊張而焦躁的狀態，生活充滿無謂苦惱……因此，以安身立命為目標的人，知識反而帶來煩惱，而派不上用場。」

可見知識跟人生幸福扯不上什麼關係，甚至背道而馳。人活在世間，不論那一學派，或那一位哲人，都不反對生活在求幸福、求自在；倘若做一個知識份子而不能擁有快樂，那麼，讀那麼多書，擁有豐富的知識又有何用呢？但生逢知識爆炸的時代，追求新知成了時髦和必需，而我們也不反對這些知識，但最重要的是，除了知識，還要有智慧，才能生活愉快，日子自在。顯然，知識跟智慧不是等號關係，而是兩種不同存在。勿寧說，後者的智慧遠比什麼新知識，或什麼好資質及才能等還重要。

所以，智慧人是值得羨慕、值得追求的，也是我們安身立命的目標。

習慣上，讀書人挺愛搬弄知識，談論記憶，或作秀聰明，殊不知這樣只能炫耀一時，引人注目，終究會成明日黃花，而遠不如做真正的智慧人，能徹底領悟正邪因果，是非曲直，因為他有正知正見，是從開思修持中得來。而不完全是從書中讀來、背來的，這就是它的可貴之處。

例如《六祖壇經》上說，六祖慧能不識字，卻能請人代筆寫出自己的見解：「菩提本無樹，明鏡亦非台。本來無一物，何處惹塵埃。」眞正明心見性，證悟菩提。

反之，黃梅山的五祖門下，神秀既聰明，又是讀書人，學問不在話下，終究缺乏智慧，才未見真性。所以，五祖讀完他的偈語，也只能嘆息說：「再進一步才能證道。」他滿腹經論，也不悟禪機。

智慧人有自在的心靈，即使沒有萬貫家財，也享有無拘無束的生活。因為他有智慧洞悉世間萬物都非常實相，生活才不會囿於錢財、名譽、愛恨、美醜……這倒不是說他必定為佛教徒。例如，今天報載波蘭籍化學家居禮夫人發現了鐳，獲得諾貝爾獎金，但她不去申請專利，堅持鐳屬於人類的共財，用來治病，怎可在病人痛苦時向他們要錢呢？尤其，她還說過一句有智慧的話：

「榮譽像玩具一樣，只能玩玩罷了，不能太當真，否則會一事無成。」

她不執著妄念邪見，而活在不對立與分別的世界，更擁有不被物使，不被境轉的無礙心靈，正如《金剛經》所說，應無所住而生其心，豈非看得開，放得下的智慧人？何止聰明有知識而已？

佛友們都知道佛教所謂智慧，跟一般人開口閉口的智慧不同意思，故不能亂用。佛教裡，智慧係梵文的意譯，而音譯為般若。意指我們一舉洞悉事物的本來面目，既無分別，也無美醜等價值判斷，彷彿事物反映在鏡面的真貌，只要脫離有無，不囿於好壞，忠實地明瞭它的原形，這種理解才算智慧。換句話說，這是拋棄妄念的「知」。

學佛的人都明白菩薩修行六波羅蜜，也就是行持六科目——布施、持戒、忍辱、精進、禪定和智慧。有人說佛陀在成佛前的幾輩子，不僅修行慈悲，也修行智慧，而且，那種般若智慧放在六科目的最後，意思是，所有修行都朝那個方面，因為那是個究竟的世界。反過來說，佛陀落實六波羅蜜的整個得道生涯，也是為了求智慧，有了它才能成佛作祖。所以，智慧是重點，也是關鍵。

道元禪師圓寂前，倡導「八大人覺」，做為最後的教誡。那就是——少欲、知足、寂靜、勤精進、不妄念、修禪定、修智慧、不戲論。

可見任何修持都不離智慧，沒有它不能明心見性。

沒錯，現在的年輕學子那個不忙著上課兼補習，努力追求學問，因為它能幫我們賺錢、出名、吃穿不用愁，但也別忘了那似一把利刀，既能為善，亦能為惡，而好壞存乎一心。尤其，它對於人生快樂無能為力，若要渴求無礙自在，歡喜一輩子，就千萬別對它寄予厚望，否則，以後會像風箏一般，飛得愈高，就摔得愈重，甚至摔壞了也很可能。因為聰明的讀書人若無智慧做導向，就不會去深思、反省和覺悟。讓一切都隨妄念在打轉，以至惹火燒身，叫苦連天，甚至還敢害人，反而強辭奪理，掩飾錯誤。

既然智慧遠比聰明天資，和淵博知識更有用，會給自己生活無礙，那麼要怎樣去找尋？或去追求呢？

答案沒有揭曉以前，讓我先寫出《星雲禪話》中一段話：

且說一個漢子在屋簷下躲雨，雨一直下著不停。忽然一位禪師撐著傘從前面經過，於是，漢子大聲叫道：「禪師啊，請您幫一下忙吧，帶我一程如何？」

禪師回答：「我在雨裡，你在屋簷下，而簷下無雨，你不需要我度。」

漢子立刻步出屋簷，站在雨中說道：「現在我也在雨中，您該度我了吧？」

不料，禪師卻說：「我也在雨中，你也在雨中，我不被雨淋，因為我有傘；你被雨淋，因為你無傘；你要被度，不必找我，請你自己找傘。」說完便走了。

意思指出，找智慧也罷，追求自在也罷，全要靠自己，這是找尋智慧的基本態度，但它又在那裡呢？

《大般涅槃經第八》上有兩則故事，意思大同小異，但都指示那個智慧藏在自己身上，可惜大家都被貪欲、瞋恨和愚癡等覆蓋，而不去發掘它的價值，才會在六道輪迴，和人間受苦，不得幸福。

在教育發達的今天，既然人人皆可以受教育，做讀書人，但也照樣能做智慧人，享受美好人生，何樂不為呢？

學佛秘訣——珍惜現在

偶然翻開那本舊得發黃的師範畢業紀念册，赫然目睹當年一位臨座好友——呂××君的臨別贈言是：

「不要留戀過去，也不要幻想將來，但要把握現在。」

這句老生常談，居然讓我讀了很感動，我在想：「這正是學佛秘訣啊！」我忍不住讚嘆呂君好心一句話，使我三十多年後重讀，也會發生很大的震撼，而且使我有意外的受用和領悟，諒正在桃園教書的呂君做夢也想不到吧？

學校的老師們常說：「溫故知新」，它也意近佛教的三世因果——過去、現在和未來等三世。因為每個人都有過去世，都有過一副典範存在，而它跟現在世及未來世的自我，是一脈相連，永遠不會斷絕，前後都會影響。那條非肉眼看得見的連繫，就是指業力了，不論如何，眼前的自我，多少會受到過去世那個典範的影響，但不會受制於他……這都是實情，絕非虛妄的，學佛的人都相信這個因果業報。

儘管如此，上輩子的事早已過往雲煙，再壞也不能彌補，而未來又還沒到，只會一步一步靠近，急也沒有用，只有現在的每時每刻最確實、最要緊；現在作業，等於將來的基礎，將來的任何考量，都要依據現在。所以，學佛的人要明白眼前分秒都値錢，千萬疏忽不得。

佛教大德經常推荐《了凡四訓》這本書，其實，那不是佛書，但它的要旨可以開竅初學佛的人。因為書中談到一位名叫了凡的普通人，領悟今世的努力，可以跳出前世的業力束縛，更能創造美好將來，證明命運可以改變。俗話說：「惟大善的人，不受氣數束拘」。他從頭到尾有意志，有計劃地步步為營轉夭為壽，由窮變達，同時，也轉罪為福，轉凡為聖，他的經驗膾炙人口，我想，也能啟發佛教徒的思考與醒悟。

若用禪者的話說，現在即是當下，也是立刻或馬上。

固然佛教強調因果，也很重視業力，知道每個人的過去都有不少善業與惡業。然而，不論善惡都已經過去，現在對它無可奈何，但最重要的是「眼前」，不可再造惡業，因為再造惡業，會累積得更多，而促使過去的惡業再生長。這樣一來，過去的惡業加上現在的惡業，情況就會更嚴重，影響將來也會更大、更不樂觀。所謂積重難返，不得不小心。

佛陀在世時，雖然也談過去，包括過去多少輩子，但不太強調它，反而比較重視今世的行為。現代人雖然對於自已的前途很關心，不時去請教算命師，但也都止於半信半疑；反而一味崇拜神通，因為神通懂得過去。結果，讓許多人對過去世，反而比對未來前途更熱衷、更好奇，這樣往往會忽視現在，生活在虛幻裡是很不對的。

有些親子或夫妻爭吵時，動不動就罵說，前世欠誰的債，才有今世這樣結局。顯然把眼前爭吵的原因，推托給前世註定，而懶得務實地找尋真正的原因。結果，只能予以自慰，心裡舒服一陣，其實，不耐心地從實際行為中找出原因，才是愚癡，絕對違背佛教三世因果的旨趣，尤其跟佛教強調現世的觀點背道而馳了。

有些佛教徒嗟嘆，佛死了兩千年，再也無緣看到佛了，只怪自己生不逢辰，尤其不出生在印度；其實不見得，星雲大師說：「釋迦牟尼佛一直在寂光淨土，他的法身遍滿虛空，充實法界。」說得明白些，只要放眼四顧，目前處處有佛的法身，例如流水鳥叫，鮮花樹木，只要留心細察，反觀自照，都會有佛在四周，而大可不必怨嘆以前看不到，或將來沒有機緣看到佛，實際上，眼前就能看到佛了，端視自己用什麼心態而已。

我很佩服泰國那位高僧——阿姜查，有一次結夏安居時，對一群新出家比丘做一場生動的開示，他不厭其煩指點打坐要訣，講解動作，但最後說一句極有力的結語：「你們都活在當下，不要思前顧後，只要聽我的話：『現在就做。』」

記得沒錯，學佛的人要牢記「現在就做」，此外什麼也不囉嗦，這即是珍惜當下，把握現在的精義了。

記得那年同學會上，另一位師範同窗吳君向我懊悔：「我深知得自父親的好遺傳，自己有很好的美術天份，倘若師範畢業後繼續用功，不貪心去教補習班，今天也會像某某同學一樣，成了國內的著名畫家，教育廳每一年舉行美術教學研究會，都會邀請他去評論。我打算幾年後退休，也要加油……。」

我知道他極有潛力，當年這一科表現也十分卓越，難怪他目睹以前不如自己的人有了大成就，會心理不平衡，但我又屈指一算，他至少還得等過十年才能退休，與其等那時加油，何不「現在」動手呢？說不定十年後有意外的不便或困難，結果，不是一輩子成不了畫家，而抱恨終身了嗎？

說真的，我很瞧不起有些人開口閉口從前怎樣……好像從前非常風光，有不得了的成就，而眼前卻變得潦倒，今昔完全不能比擬，但是，他還那樣執迷過去的威風，生活在永遠不可能倒流的時光裡，彷彿做白日夢一樣。例如有一天，我在洛城一處公園裡，不期然結識一名德國裔的老人。彼此閒談之餘，聽他直率地吐露，三十多歲時，幹過一家大公司經理，之後當了老闆，手下指揮五百多名員工，置過不少產業，銀行存款超過七個數字……口沫橫飛地暢談光榮的歷史，得意那段成功的時光，可惜，我目睹他眼前潦倒的樣子，忍不住好奇地問他：「現在怎麼過日子？」他聽了臉色一變，顯得十分沮喪，而且無奈地答說：

「只靠領救濟金生活，那些財產都沒啦……。」

我在暗忖：「現在活得比過去重要，不看現在，只回味過去，不是阿Q嗎？」

如果說得誇大些，國人只會沾沾得意五千年歷史文化，而現在列名落後國家的排行榜上，處處被外人指點譏諷（例如犀牛角、交通……），不知力圖改進，又何嘗不是阿Q式作風？

因為一切成就要看「現在」呀！

我讀禪的公案時，也常會從中體會禪師們珍惜當下的情形。例如，道元禪師臨終前，從坐禪中起身抖擻一下筋骨，在屋內徘徊一陣，同時指著告誡弟子：

「是處即道場。」

真是一種認真的生活態度，每天置身的時刻和地點，都是修行道場，不必捨近求遠，幻想或回憶。

日本茶道大師千利休的一位弟子——山上宗二，也是著名的禪者，他努力將師父的茶道精神寫下來。其中有一句話很精彩，足以發人深思，就是：

「一期一度茶會。」

一生當中，彼此只能見一次面，便會傾全力在這樣難得的會晤上，同樣地，人在六道輪迴裡，也許只活這一生，意謂人生只有一次，怎可馬虎隨便，不去珍惜每一刻？而那每一時刻，就是眼前的「一期一會」呀。

虛堂禪師有一句著名的話，可做本題最恰當的詮釋。剛巧某年元旦，禪師上堂後向眾僧喝道：

「年年是好年，日日是好日。」

意指不要執著那一年，那一日，應該自由自在，實事求是，只有眼前或現在的行為或修持才最重要。

大展出版社有限公司 圖書目錄

地址：台北市北投區11204
致遠一路二段12巷1號
郵撥： 0166955～1
電話：(02) 8236031
8236033
傳真：(02) 8272069

•法律專欄連載•電腦編號58

台大法學院 法律學系／策劃
法律服務社／編著

①別讓您的權利睡著了[1]	200元
②別讓您的權利睡著了[2]	200元

•秘傳占卜系列•電腦編號14

①手相術	淺野八郎著	150元
②人相術	淺野八郎著	150元
③西洋占星術	淺野八郎著	150元
④中國神奇占卜	淺野八郎著	150元
⑤夢判斷	淺野八郎著	150元
⑥前世、來世占卜	淺野八郎著	150元
⑦法國式血型學	淺野八郎著	150元
⑧靈感、符咒學	淺野八郎著	150元

•趣味心理講座•電腦編號15

①性格測驗1	探索男與女	淺野八郎著	140元
②性格測驗2	透視人心奧秘	淺野八郎著	140元
③性格測驗3	發現陌生的自己	淺野八郎著	140元
④性格測驗4	發現你的真面目	淺野八郎著	140元
⑤性格測驗5	讓你們吃驚	淺野八郎著	140元
⑥性格測驗6	洞穿心理盲點	淺野八郎著	140元
⑦性格測驗7	探索對方心理	淺野八郎著	140元
⑧性格測驗8	由吃認識自己	淺野八郎著	140元
⑨性格測驗9	戀愛知多少	淺野八郎著	140元
⑩性格測驗10	由裝扮瞭解人心	淺野八郎著	140元
⑪性格測驗11	敲開內心玄機	淺野八郎著	140元
⑫性格測驗12	透視你的未來	淺野八郎著	140元
⑬血型與你的一生		淺野八郎著	140元

⑭趣味推理遊戲	淺野八郎著	140元

•婦 幼 天 地• 電腦編號16

①八萬人減肥成果	黃靜香譯	150元
②三分鐘減肥體操	楊鴻儒譯	130元
③窈窕淑女美髮秘訣	柯素娥譯	130元
④使妳更迷人	成　玉譯	130元
⑤女性的更年期	官舒妍編譯	130元
⑥胎內育兒法	李玉瓊編譯	120元
⑦早產兒袋鼠式護理	唐岱蘭譯	200元
⑧初次懷孕與生產	婦幼天地編譯組	180元
⑨初次育兒12個月	婦幼天地編譯組	180元
⑩斷乳食與幼兒食	婦幼天地編譯組	180元
⑪培養幼兒能力與性向	婦幼天地編譯組	180元
⑫培養幼兒創造力的玩具與遊戲	婦幼天地編譯組	180元
⑬幼兒的症狀與疾病	婦幼天地編譯組	180元
⑭腿部苗條健美法	婦幼天地編譯組	150元
⑮女性腰痛別忽視	婦幼天地編譯組	150元
⑯舒展身心體操術	李玉瓊編譯	130元
⑰三分鐘臉部體操	趙薇妮著	120元
⑱生動的笑容表情術	趙薇妮著	120元
⑲心曠神怡減肥法	川津祐介著	130元
⑳內衣使妳更美麗	陳玄茹譯	130元
㉑瑜伽美姿美容	黃靜香編著	150元
㉒高雅女性裝扮學	陳珮玲譯	180元
㉓蠶糞肌膚美顏法	坂梨秀子著	160元
㉔認識妳的身體	李玉瓊譯	160元

•青 春 天 地• 電腦編號17

①A血型與星座	柯素娥編譯	120元
②B血型與星座	柯素娥編譯	120元
③O血型與星座	柯素娥編譯	120元
④AB血型與星座	柯素娥編譯	120元
⑤青春期性教室	呂貴嵐編譯	130元
⑥事半功倍讀書法	王毅希編譯	130元
⑦難解數學破題	宋釗宜編譯	130元
⑧速算解題技巧	宋釗宜編譯	130元
⑨小論文寫作秘訣	林顯茂編譯	120元
⑩視力恢復！超速讀術	江錦雲譯	130元

⑪中學生野外遊戲	熊谷康編著	120元
⑫恐怖極短篇	柯素娥編譯	130元
⑬恐怖夜話	小毛驢編譯	130元
⑭恐怖幽默短篇	小毛驢編譯	120元
⑮黑色幽默短篇	小毛驢編譯	120元
⑯靈異怪談	小毛驢編譯	130元
⑰錯覺遊戲	小毛驢編譯	130元
⑱整人遊戲	小毛驢編譯	120元
⑲有趣的超常識	柯素娥編譯	130元
⑳哦！原來如此	林慶旺編譯	130元
㉑趣味競賽100種	劉名揚編譯	120元
㉒數學謎題入門	宋釗宜編譯	150元
㉓數學謎題解析	宋釗宜編譯	150元
㉔透視男女心理	林慶旺編譯	120元
㉕少女情懷的自白	李桂蘭編譯	120元
㉖由兄弟姊妹看命運	李玉瓊編譯	130元
㉗趣味的科學魔術	林慶旺編譯	150元
㉘趣味的心理實驗室	李燕玲編譯	150元
㉙愛與性心理測驗	小毛驢編譯	130元
㉚刑案推理解謎	小毛驢編譯	130元
㉛偵探常識推理	小毛驢編譯	130元
㉜偵探常識解謎	小毛驢編譯	130元
㉝偵探推理遊戲	小毛驢編譯	130元
㉞趣味的超魔術	廖玉山編著	150元
㉟趣味的珍奇發明	柯素娥編著	150元

•健康天地• 電腦編號 18

①壓力的預防與治療	柯素娥編譯	130元
②超科學氣的魔力	柯素娥編譯	130元
③尿療法治病的神奇	中尾良一著	130元
④鐵證如山的尿療法奇蹟	廖玉山譯	120元
⑤一日斷食健康法	葉慈容編譯	120元
⑥胃部強健法	陳炳崑譯	120元
⑦癌症早期檢查法	廖松濤譯	130元
⑧老人痴呆症防止法	柯素娥編譯	130元
⑨松葉汁健康飲料	陳麗芬編譯	130元
⑩揉肚臍健康法	永井秋夫著	150元
⑪過勞死、猝死的預防	卓秀貞編譯	130元
⑫高血壓治療與飲食	藤山順豐著	150元
⑬老人看護指南	柯素娥編譯	150元

⑭美容外科淺談	楊啟宏著	150元
⑮美容外科新境界	楊啟宏著	150元
⑯鹽是天然的醫生	西英司郎著	140元
⑰年輕十歲不是夢	梁瑞麟譯	200元
⑱茶料理治百病	桑野和民著	180元
⑲綠茶治病寶典	桑野和民著	150元
⑳杜仲茶養顏減肥法	西田博著	150元
㉑蜂膠驚人療效	瀨長良三郎著	160元
㉒蜂膠治百病	瀨長良三郎著	元

•實用女性學講座• 電腦編號 19

①解讀女性內心世界	島田一男著	150元
②塑造成熟的女性	島田一男著	150元

•校 園 系 列• 電腦編號 20

①讀書集中術	多湖輝著	150元
②應考的訣竅	多湖輝著	150元
③輕鬆讀書贏得聯考	多湖輝著	150元
④讀書記憶秘訣	多湖輝著	150元

•實用心理學講座• 電腦編號 21

①拆穿欺騙伎倆	多湖輝著	140元
②創造好構想	多湖輝著	140元
③面對面心理術	多湖輝著	140元
④偽裝心理術	多湖輝著	140元
⑤透視人性弱點	多湖輝著	140元
⑥自我表現術	多湖輝著	150元
⑦不可思議的人性心理	多湖輝著	150元
⑧催眠術入門	多湖輝著	150元
⑨責罵部屬的藝術	多湖輝著	150元
⑩精神力	多湖輝著	150元
⑪厚黑說服術	多湖輝著	150元
⑫集中力	多湖輝著	150元

•超現實心理講座• 電腦編號 22

①超意識覺醒法	詹蔚芬編譯	130元
②護摩秘法與人生	劉名揚編譯	130元

③秘法！超級仙術入門	陸　明譯	150元
④給地球人的訊息	柯素娥編著	150元
⑤密教的神通力	劉名揚編著	130元
⑥神秘奇妙的世界	平川陽一著	180元

・養 生 保 健・電腦編號23

①醫療養生氣功	黃孝寬著	250元
②中國氣功圖譜	余功保著	230元
③少林醫療氣功精粹	井玉蘭著	250元
④龍形實用氣功	吳大才等著	220元
⑤魚戲增視強身氣功	宮　嬰著	220元
⑥嚴新氣功	前新培金著	250元
⑦道家玄牝氣功	張　章著	元
⑧仙家秘傳袪病功	李遠國著	元

・心 靈 雅 集・電腦編號00

①禪言佛語看人生	松濤弘道著	180元
②禪密教的奧秘	葉逯謙譯	120元
③觀音大法力	田口日勝著	120元
④觀音法力的大功德	田口日勝著	120元
⑤達摩禪106智慧	劉華亭編譯	150元
⑥有趣的佛教研究	葉逯謙編譯	120元
⑦夢的開運法	蕭京凌譯	130元
⑧禪學智慧	柯素娥編譯	130元
⑨女性佛教入門	許俐萍譯	110元
⑩佛像小百科	心靈雅集編譯組	130元
⑪佛教小百科趣談	心靈雅集編譯組	120元
⑫佛教小百科漫談	心靈雅集編譯組	150元
⑬佛教知識小百科	心靈雅集編譯組	150元
⑭佛學名言智慧	松濤弘道著	180元
⑮釋迦名言智慧	松濤弘道著	180元
⑯活人禪	平田精耕著	120元
⑰坐禪入門	柯素娥編譯	120元
⑱現代禪悟	柯素娥編譯	130元
⑲道元禪師語錄	心靈雅集編譯組	130元
⑳佛學經典指南	心靈雅集編譯組	130元
㉑何謂「生」　阿含經	心靈雅集編譯組	150元
㉒一切皆空　般若心經	心靈雅集編譯組	150元
㉓超越迷惘　法句經	心靈雅集編譯組	130元

㉔開拓宇宙觀　華嚴經	心靈雅集編譯組	130元
㉕真實之道　法華經	心靈雅集編譯組	130元
㉖自由自在　涅槃經	心靈雅集編譯組	130元
㉗沈默的教示　維摩經	心靈雅集編譯組	150元
㉘開通心眼　佛語佛戒	心靈雅集編譯組	130元
㉙揭秘寶庫　密教經典	心靈雅集編譯組	130元
㉚坐禪與養生	廖松濤譯	110元
㉛釋尊十戒	柯素娥編譯	120元
㉜佛法與神通	劉欣如編著	120元
㉝悟（正法眼藏的世界）	柯素娥編譯	120元
㉞只管打坐	劉欣如編譯	120元
㉟喬答摩・佛陀傳	劉欣如編著	120元
㊱唐玄奘留學記	劉欣如編譯	120元
㊲佛教的人生觀	劉欣如編譯	110元
㊳無門關（上卷）	心靈雅集編譯組	150元
㊴無門關（下卷）	心靈雅集編譯組	150元
㊵業的思想	劉欣如編著	130元
㊶佛法難學嗎	劉欣如著	140元
㊷佛法實用嗎	劉欣如著	140元
㊸佛法殊勝嗎	劉欣如著	140元
㊹因果報應法則	李常傳編	140元
㊺佛教醫學的奧秘	劉欣如編著	150元
㊻紅塵絕唱	海　若著	130元
㊼佛教生活風情	洪丕謨、姜玉珍著	220元
㊽行住坐臥有佛法	劉欣如著	160元
㊾起心動念是佛法	劉欣如著	160元

・經　營　管　理・電腦編號 01

◎創新經營管理六十六大計（精）	蔡弘文編	780元
①如何獲取生意情報	蘇燕謀譯	110元
②經濟常識問答	蘇燕謀譯	130元
③股票致富68秘訣	簡文祥譯	100元
④台灣商戰風雲錄	陳中雄著	120元
⑤推銷大王秘錄	原一平著	100元
⑥新創意・賺大錢	王家成譯	90元
⑦工廠管理新手法	琪　輝著	120元
⑧奇蹟推銷術	蘇燕謀譯	100元
⑨經營參謀	柯順隆譯	120元
⑩美國實業24小時	柯順隆譯	80元
⑪撼動人心的推銷法	原一平著	120元

⑫高竿經營法	蔡弘文編	120元
⑬如何掌握顧客	柯順隆譯	150元
⑭一等一賺錢策略	蔡弘文編	120元
⑯成功經營妙方	鐘文訓著	120元
⑰一流的管理	蔡弘文編	150元
⑱外國人看中韓經濟	劉華亭譯	150元
⑲企業不良幹部群相	琪輝編著	120元
⑳突破商場人際學	林振輝編著	90元
㉑無中生有術	琪輝編著	140元
㉒如何使女人打開錢包	林振輝編著	100元
㉓操縱上司術	邑井操著	90元
㉔小公司經營策略	王嘉誠著	100元
㉕成功的會議技巧	鐘文訓編譯	100元
㉖新時代老闆學	黃柏松編著	100元
㉗如何創造商場智囊團	林振輝編譯	150元
㉘十分鐘推銷術	林振輝編譯	120元
㉙五分鐘育才	黃柏松編譯	100元
㉚成功商場戰術	陸明編譯	100元
㉛商場談話技巧	劉華亭編譯	120元
㉜企業帝王學	鐘文訓譯	90元
㉝自我經濟學	廖松濤編譯	100元
㉞一流的經營	陶田生編著	120元
㉟女性職員管理術	王昭國編譯	120元
㊱ＩＢＭ的人事管理	鐘文訓編譯	150元
㊲現代電腦常識	王昭國編譯	150元
㊳電腦管理的危機	鐘文訓編譯	120元
㊴如何發揮廣告效果	王昭國編譯	150元
㊵最新管理技巧	王昭國編譯	150元
㊶一流推銷術	廖松濤編譯	120元
㊷包裝與促銷技巧	王昭國編譯	130元
㊸企業王國指揮塔	松下幸之助著	120元
㊹企業精銳兵團	松下幸之助著	120元
㊺企業人事管理	松下幸之助著	100元
㊻華僑經商致富術	廖松濤編譯	130元
㊼豐田式銷售技巧	廖松濤編譯	120元
㊽如何掌握銷售技巧	王昭國編著	130元
㊿洞燭機先的經營	鐘文訓編譯	150元
52新世紀的服務業	鐘文訓編譯	100元
53成功的領導者	廖松濤編譯	120元
54女推銷員成功術	李玉瓊編譯	130元
55ＩＢＭ人才培育術	鐘文訓編譯	100元

㊻企業人自我突破法	黃琪輝編著	150元
㊽財富開發術	蔡弘文編著	130元
㊾成功的店舖設計	鐘文訓編著	150元
㊿企管回春法	蔡弘文編著	130元
62小企業經營指南	鐘文訓編譯	100元
63商場致勝名言	鐘文訓編譯	150元
64迎接商業新時代	廖松濤編譯	100元
66新手股票投資入門	何朝乾　編	180元
67上揚股與下跌股	何朝乾編譯	180元
68股票速成學	何朝乾編譯	180元
69理財與股票投資策略	黃俊豪編著	180元
70黃金投資策略	黃俊豪編著	180元
71厚黑管理學	廖松濤編譯	180元
72股市致勝格言	呂梅莎編譯	180元
73透視西武集團	林谷燁編譯	150元
76巡迴行銷術	陳蒼杰譯	150元
77推銷的魔術	王嘉誠譯	120元
7860秒指導部屬	周蓮芬編譯	150元
79精銳女推銷員特訓	李玉瓊編譯	130元
80企劃、提案、報告圖表的技巧	鄭　汶　譯	180元
81海外不動產投資	許達守編譯	150元
82八百件的世界策略	李玉瓊譯	150元
83服務業品質管理	吳宜芬譯	180元
84零庫存銷售	黃東謙編譯	150元
85三分鐘推銷管理	劉名揚編譯	150元
86推銷大王奮鬥史	原一平著	150元
87豐田汽車的生產管理	林谷燁編譯	150元

・成 功 寶 庫・電腦編號 02

①上班族交際術	江森滋著	100元
②拍馬屁訣竅	廖玉山編譯	110元
④聽話的藝術	歐陽輝編譯	110元
⑨求職轉業成功術	陳　義編著	110元
⑩上班族禮儀	廖玉山編著	120元
⑪接近心理學	李玉瓊編著	100元
⑫創造自信的新人生	廖松濤編著	120元
⑭上班族如何出人頭地	廖松濤編著	100元
⑮神奇瞬間瞑想法	廖松濤編譯	100元
⑯人生成功之鑰	楊意苓編著	150元
⑱潛在心理術	多湖輝　著	100元

國立中央圖書館出版品預行編目資料

行住坐臥有佛法／劉欣如著；——初版
——臺北市；大展，民83
面；　公分——（心靈雅集；48）
ISBN 957-557-478-8（平裝）

1. 佛教－弘法

225.8　　83010234

ISBN 957-557-478-8

行住坐臥有佛法

著　者／劉　欣　如
發行人／蔡　森　明
出版者／大展出版社有限公司
社　址／台北市北投區（石牌）
　　　　致遠一路二段12巷1號
電　話／（02）8236031・8236033
傳　眞／（02）8272069
郵政劃撥／0166955－1
登記證／局版臺業字第2171號

法律顧問／劉　鈞　男　律師
承印者／高星企業有限公司
裝　訂／日新裝訂所
排版者／千賓電腦打字有限公司
電　話／（02）8836052
初　版／1994年（民83年）11月

定　價／160元